应用型本科系列规划教材

专用车辆与装备

主 编 郑 颖 熊沂铖 周 扬
副主编 吴宁强 归文强 李 娅 高苹喜

西北工业大学出版社

西 安

【内容简介】 本书结合我国专用车辆生产、科研和实际应用,选取应用广泛且具有一定代表性的专用车辆为对象,对每种类型专用车辆的基本结构、类型及工作原理进行详细介绍,力求做到理论联系实际。本书主要内容包括专用车辆概述、罐式车辆、自卸车辆、厢式车辆、航空专用车辆、高空作业车及汽车列车的结构及主要原理。

本书可供从事汽车及工程车辆设计、维修和保养的工程技术人员使用或参考,也可作为工科院校车辆工程、工程机械等相关专业的教材或参考书,以及高职院校航空地面设备维护和航空特种车辆维修专业的参考教材。

图书在版编目(CIP)数据

专用车辆与装备/郑颖,熊沂铖,周扬主编. —西安:西北工业大学出版社,2021.5
 ISBN 978-7-5612-7364-7

Ⅰ. ①专… Ⅱ. ①郑… ②熊… ③周… Ⅲ. ①汽车-高等学校-教材 Ⅳ. ①U46

中国版本图书馆 CIP 数据核字(2020)第 203021 号

ZHUANYONG CHELIANG YU ZHUANGBEI
专 用 车 辆 与 装 备

责任编辑:朱辰浩	策划编辑:蒋民昌
责任校对:朱晓娟 董珊珊	装帧设计:李 飞

出版发行:西北工业大学出版社
通信地址:西安市友谊西路 127 号　　邮编:710072
电　　话:(029)88491757,88493844
网　　址:www.nwpup.com
印 刷 者:兴平市博闻印务有限公司
开　　本:787 mm×1 092 mm　　1/16
印　　张:11.5
字　　数:302 千字
版　　次:2021 年 5 月第 1 版　　2021 年 5 月第 1 次印刷
定　　价:35.00 元

如有印装问题请与出版社联系调换

前　言

为进一步提高应用型本科高等教育的教学水平，促进应用型人才的培养工作，提升学生的实践能力和创新能力，提高应用型本科教材的建设和管理水平，西安航空学院与国内其他高校、科研院所、企业进行深入探讨和研究，编写了"应用型本科系列规划教材"系列用书，包括《专用车辆与装备》共计30种。本系列教材的出版，将对基于生产实际，符合市场人才的培养工作起到积极的促进作用。

随着我国经济建设的快速发展，我国专用车辆保有量不断增加，专用车辆已成为汽车工业的重要组成部分，有着广阔的发展前景。本书以应用型人才培养为目标，以车辆工程专业和工程机械相关专业为培养对象，将目前普及的几种类型专用车辆与装备的结构作为主要选材内容，通过学习相关概念、结构、原理，了解理论知识，从技术现状出发，注重发展前沿。编写中注重内容的科学性、严谨性、先进性、实用性和针对性，与应用型教育教学改革的理念相适应。

本书由西安航空学院车辆工程学院郑颖、熊沂铖、周扬主编，郑颖统稿，西安航空学院车辆工程学院的吴宁强、归文强、李娅、高苹喜为副主编，陕西重汽集团有限公司的张伟参编。具体分工如下：第1章由李娅、熊沂铖编写，第2章由周扬编写，第3章由郑颖、张伟编写，第4章由归文强编写，第5章由熊沂铖编写，第6章由高苹喜编写，第7章由吴宁强编写。

在本书的编写过程中，得到了西安航空学院车辆工程学院高明飞老师的大力帮助，参考并引用了威海广泰相关民航专用车辆的设计资料以及部分国内出版社的书籍、网站和相关专业文献，从而使编写工作得以顺利完成。在此，对高明飞老师、威海广泰空港设备有限公司及陕西重汽集团表示感谢。

由于水平有限，书中难免存在不足之处，恳切希望广大读者批评指正，以便今后进一步完善。

编　者
2020年6月20日

目 录

第1章　绪论	1
1.1　专用车辆概述	1
1.2　专用车辆发展	6
1.3　专用车辆技术现状与发展趋势	9
复习思考题	12
第2章　罐式车辆	13
2.1　罐式车辆概述	13
2.2　液罐汽车	16
2.3　液化气罐车	37
2.4　粉罐车	44
2.5　洒水车	54
复习思考题	56
第3章　自卸车辆	57
3.1　自卸车辆概述	57
3.2　自卸车辆的液压系统	60
3.3　自卸车辆的举升机构	64
3.4　取力器	66
3.5　垃圾汽车	71
复习思考题	74
第4章　厢式车辆	75
4.1　城市救护车	75
4.2　零担运输车	79
4.3　冷藏车	83
4.4　集装箱运输车	90

— I —

4.5　其他厢式车辆 ·· 92
　　复习思考题 ·· 94

第 5 章　航空专用车辆 ·· 96
　　5.1　飞机牵引车 ·· 96
　　5.2　除冰车 ·· 107
　　5.3　客梯车 ·· 111
　　复习思考题 ·· 117

第 6 章　高空作业车 ·· 119
　　6.1　高空作业车概述 ·· 119
　　6.2　高空作业车基本结构 ·· 123
　　6.3　消防云梯车的结构特点 ·· 143
　　复习思考题 ·· 148

第 7 章　汽车列车 ·· 150
　　7.1　汽车列车概述 ·· 150
　　7.2　半挂汽车列车 ·· 152
　　7.3　全挂汽车列车 ·· 167
　　7.4　汽车列车制动系统 ·· 173
　　复习思考题 ·· 176

参考文献 ·· 177

第1章 绪 论

1.1 专用车辆概述

1.1.1 专用车辆的作用

随着我国经济建设的快速发展,专用车辆市场前景广阔,其广泛服务于国民经济的各个领域,如公路运输、工程建设、油田、矿山、电力、电信、邮政、医疗、环卫、农业、水利、航空、食品、公安、消防、司法及国防建设等各行各业。专用车辆以其专业化的优点提高了社会发展的效率,降低了发展成本,促进了社会进步。

特种车辆又称为专用车辆。关于"专用车辆"的定义,各国尚无统一标准。

在国外,专用车辆一般是指一种在许多特征上不同于基本型的车辆或经过特殊改装后才能用于运输货物或人员的车辆以及只用于完成特定任务的车辆。专用车辆是从车辆自身结构特点出发,相对于普通载货车辆底盘的传统结构形式而言,其底盘及整车的结构都相当特殊,为专门设计的且很少使用通用型总成部件的车型。

在我国,专用车辆是指外廓尺寸、质量等方面超过设计车辆限界的,以及特殊用途的车辆经特制或专门改装配有固定的装置设备,主要功能不是用于载人或运货的机动车辆。我国对"专用车辆"的概念根据 GB/T 17350—2009《专用汽车和专用挂车术语、代号和编制方法》定义为:"装备有专用设备,具备专用功能,用于承担专门运输任务或专项作业以及其他专项用途的汽车。"具体指各类专用罐车和专用机动车。自卸载重车、清扫车、固井水泥车、压裂车、公路清障车、高空作业车、混凝土泵车及清雪车等,均是应用广泛且具有一定代表性的专用车辆。

1.1.2 专用车辆的分类

根据 GB/T 17350—2009,我国将专用车辆划分为罐式车辆、自卸车辆、厢式车辆、仓栅式车辆、专用结构车辆和起重举升车辆等六大类。

1. 按照构造分类

(1)罐式车辆。罐式车辆是指装有罐状的容器并且通常带有工作泵,主要用于运输液体、气体或粉粒状物质以及完成特定作业任务的专用车辆和汽车列车,如图 1-1 所示。其可分为罐式专用运输车辆(如运油车、供水车、液化气体运输车和散装水泥运输车等)和罐式专用作业车辆(如吸污车、加油车、洒水车和清洗车等)。

图 1-1 罐式车辆

(2)自卸车辆。自卸车辆是指利用本车发动机动力驱动液压举升机构,将其车厢倾斜一定角度卸货并依靠车厢自重使其复位的专用车辆,如图 1-2 所示。其可分为专用自卸运输车辆(如污泥自卸车、运棉车和垃圾车等)和专用自卸作业车辆。

图 1-2 自卸车辆

(3)厢式车辆。厢式车辆是指具有独立的封闭结构的车厢或与驾驶室连成一体的整体式封闭结构车厢的车辆,装有专用设施,用于载运人员、货物或承担专门作业的专用车辆和列车,如图 1-3 所示。其可分为厢式专用运输车辆(如警用车、囚车、运钞车和保温车等)和厢式专用作业车辆(如电视车、救护车、教练车和防疫车等)。

图 1-3 厢式车辆

(4)仓栅式车辆。仓栅式车辆是指装备有专用装置,具有仓笼式或栅栏式结构车厢的专用车辆,主要用于运输散装颗粒实物或饲料、畜禽等货物,如图 1-4 所示。仓栅式车辆分为仓栅式专用运输车辆(如畜禽运输车、瓶装饮料运输车、养蜂车和桶装垃圾运输车等)和仓栅式专用作业车辆。

图 1-4 仓栅式车辆

(5)专用结构车辆。专用结构车辆指装备有专用装置,具有桁架结构、平板结构等各种特殊结构,并且用于承担专项作业的专用车辆和汽车列车等,如图 1-5 所示为飞机除冰车。其可分为专用结构专用运输车辆(如集装箱运输车、运材车等)和专用结构专用作业车辆(如钻机车、固井车、扫路车和除雪车等)。

图 1-5 飞机除冰车

(6)起重举升车辆。起重举升车辆是指装备有起重设备或可升降的作业台的专用车辆,如图 1-6 所示。它包括随车起重运输车、栏板起重运输车及具有举升功能的作业型车辆。具有举升功能的作业型车辆主要包括高空作业车、云梯消防车、航空食品供应车和路灯安装工程车等。

图 1-6 起重举升车辆

2. 按照用途分类

按照用途可以将专用车辆分为以下几种类型：

(1)专用车一：油罐车、汽罐车和液罐车等；

(2)专用车二：专用净水车，专用车一以外的罐式货车，以及用于清障、清扫、清洁、起重、装卸(不含自卸车)、升降、搅拌、挖掘、推土、冷藏和保温等各种专门用途的机动车；

(3)专用车三：装有固定专用仪器设备，从事专业工作的监测、消防、运钞、医疗和电视转播等各种专门用途的机动车；

(4)专用车四：集装箱拖头。

1.1.3 专用车辆的编号

根据中华人民共和国国家标准 GB 9417—1988《汽车产品型号编制规则》(本标准已经作废，但无替代标准)，我国汽车的产品型号由企业名称代号、车辆类别代号、主参数代号、产品序号和企业自定代号五部分组成，如图 1-7 所示。

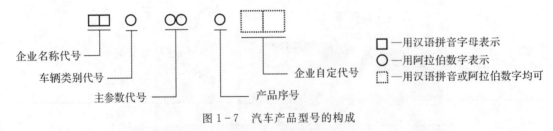

图 1-7 汽车产品型号的构成

对于专用车辆及专用半挂车还应增加专用车辆分类代号，这样专用车辆产品型号则由六部分组成，如图 1-8 所示。

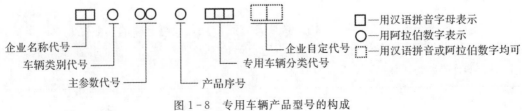

图 1-8 专用车辆产品型号的构成

(1) 企业名称代号。企业名称代号位于产品型号的第一部分,用代表企业名称的 2 个或 3 个汉语拼音字母表示。

(2) 车辆类别代号。各类车辆的类别代号位于产品型号的第二部分,用 1 位阿拉伯数字表示,见表 1-1。

(3) 主参数代号。各类车辆的主参数代号位于产品型号的第三部分,用 2 位阿拉伯数字表示。

表 1-1 车辆类别代号

车辆类别代号	车辆种类	车辆类别代号	车辆种类	车辆类别代号	车辆种类
1	载货汽车	4	牵引汽车	7	轿车
2	越野汽车	5	专用汽车	9	半挂车
3	自卸汽车	6	客车		

1) 载货汽车、越野汽车、自卸汽车、牵引汽车、专用汽车与半挂车的主参数代号为车辆的总质量(t)。其中,牵引汽车的总质量包括牵引座上的最大质量,当总质量在 100 t 以上时,允许用 3 位数字表示。

2) 客车及半挂客车的主参数代号为车辆长度(m)。当车辆的总长度小于 10 m 时,应该精确到小数点后一位,并以长度(m)的 10 倍数值表示。如车辆长度为 7.5 m 时,主参数代号为 75。

3) 轿车的主参数代号为发动机的排量(L),应精确到小数点后一位,并以其值的 10 倍数值表示。若一个轿车产品同时选装不同排量的发动机,而且两个发动机排量的变化范围大于 10% 时,则允许企业以其中的一个排量为主参数,其他排量用企业自定代号加以区别。

4) 专用车辆及专用半挂车的主参数代号,当采用定型车辆底盘或定型半挂车底盘改装时,当车辆的主参数与定型底盘原车的主参数之差不大于原车的 10% 时,一般应沿用原车的主参数代号。

5) 主参数的数值修约按 GB/T 8170—2008《数值修约规则与极限数值的表示和判定》规定。

6) 主参数不足规定位数时,在参数前以"0"占位。

(4) 产品序号。车辆的产品序号位于产品型号的第四部分,用阿拉伯数字表示,数字由 0,1,2,…依次使用。当车辆的主参数有变化,但不大于原定车型设计主参数的 10% 时,其主参数代号不变;当车辆的主参数大于原定车型设计主参数的 10% 时,应改变主参数代号;若因为数值修约而主参数代号不变时,则应改变其产品序号。

(5) 专用车辆分类代号。专用车辆分类代号位于产品型号的第五部分,用能够反映车辆结构和用途特征的 3 个汉语拼音字母表示,如图 1-9 所示,结构特征代号见表 1-2,用途特征代号按 GB/T 17350—2009《专用汽车和专用挂车术语、代号和编制方法》规定。

图 1-9 专用车辆分类代号

表 1-2　专用车辆结构特征代号

罐式车辆	自卸车辆	厢式车辆	仓栅式车辆	专用结构车辆	起重举升车辆
G	Z	X	C	T	J

(6)企业自定代号。企业自定代号位于产品型号的最后部分,如图 1-7 和图 1-8 所示。同一种车辆结构略有变化而需要区别(例如汽油、柴油发动机长、短轴距,单、双排座驾驶室,平、凸头驾驶室,左、右置转向盘等)时,可用汉语拼音字母和阿拉伯数字表示,位数也由企业自定。供用户选装的零部件(如暖风装置、收音机、地毯和绞盘等)不属于结构特征变化,应不给予企业自定代号。

1.2　专用车辆发展

1.2.1　国外专用车辆的发展概况

国外最早发展专用车辆的是美国和西欧的一些国家。第二次世界大战(以下简称"二战")后,专用车辆在日本也得到了很大的发展。

1. 美国专用车辆的发展概况

美国是专用车辆发展最早的国家之一,其专用车辆的生产是美国车辆工业的重要组成部分。据不完全统计,美国在 1986 年的专用车辆即占货车产量的 58%,在 9~12 t 的中型货车保有量中,专用车辆占 23% 以上。20 世纪 70 年代,美国的挂车平均年产量已达 15 万辆左右(约占 9 t 以上载货车产量的 40%)。

2. 欧洲专用车辆的发展概况

欧洲的专用车辆主要是重型车辆,且绝大多数产品为不同规格尺寸和不同承载量的低货台载货车辆、挂车和半挂车。欧洲的很多专用车辆生产厂家集中在德国,如德国史密斯专用车有限公司创立于 1892 年,最早从一个乡村铁匠铺开始,经过四代人 100 多年的不懈努力,终于在商用车领域达到了行业内的全球领先地位。拥有员工 3 000 名,整车年产量超过 2 万多辆,其中冷藏半挂车、保温半挂车的年产量超过 7 000 多辆,冷藏车产品在整个欧洲的市场份额超过 5%,另外,其标准化大批量生产的三明治金属复合保温板除满足自己的专用车生产需求外,还销往世界各地,供其他专用车制造商使用。

3. 日本专用车辆的发展概况

日本在 20 世纪 70 年代末期,其专用车辆年平均产量在 20 万辆左右,到 1990 年,日本专用车辆总产量已达到 25.8 万辆,近年来,在中型货车中,专用车辆的比例已超过 54%。

日本有 11 家规模较大的车辆公司,另外还有 57 家专用车辆公司。这些车辆公司有的是大品牌车辆公司的子公司,但大多数专用车辆公司与大品牌车辆公司只是商业往来,用哪家车辆公司的底盘进行改装并不确定,专用车辆公司可以根据改装需要和用户要求,自行选择车辆厂家。

日本专用车辆厂家中,历史最悠久的是 1901 年创立的帕布库(PABCO)株式会社,已有

100多年的历史。该公司设有多个地域的子公司。帕布库及其各子公司主要生产升降式后开门车、冷藏车、拖车、罐式车和车身可脱离式车等专用车辆。帕布库通过集团及其他加入帕布库联合会的企业形成了全国性的生产、销售和售后服务网络。

历史稍短于帕布库的是犬塚制作所和田村机械公司，它成立于1919年，主要生产自卸车、真空车、罐式车、保洁车、搅拌车、高空作业车、原子能废弃物运输车和电力工程车等，其生产的车辆不仅应用于日本国内，也销往海外。

日本和其他一些较为发达的国家一样，专用车辆企业是由二战时期的军工企业演变而来的。如昭和飞行机工业株式会社，设立于1937年，军转民后生产各种散装粉粒运输车、罐式车、拖车和高空作业车等。输送机工业株式会社和富士重工业株式会社都是从原中岛飞行株式会社演变而来的。新明和(SHINMAYWA)工业株式会社设立于1949年，现在是日本专用车辆和工程机械的重要生产厂家，主要生产自卸车、搅拌车、罐式车、散装粉粒运输车、高空作业车、带升降装置的牵引车、高压清洗车、强力引力车、升降后开门厢式车、洒水车、加水车、饲料运输车和车辆运输车等，其营业网点遍布日本。

综上所述，国外主要车辆工业发达国家的专用车辆保有量占载货车辆保有量的比例在70%左右。近年来，世界各国都在大力发展专用车辆的生产，致力于专用车辆的研究，以利于各种货物的高质量运输。

1.2.2 我国专用车辆的发展概况

我国专用车辆的生产起步较晚，开始于20世纪60年代初，是在军用改装车辆和消防改装车辆的基础上逐步发展起来的。

20世纪70年代，一些专用车辆生产厂家根据国民经济建设的需要，逐步成为某一门类专用车辆生产的骨干企业，形成了自己的产品特色。如汉阳专用车辆制造厂主要生产半挂车，武汉专用车辆厂主要生产粉罐车辆，镇江冷藏车辆厂主要生产冷藏保温车，兰州专用车辆厂主要生产厢式车辆，青岛专用车辆厂主要生产自卸车辆，等等。

20世纪80年代，随着国民经济建设的发展，专用车辆得到迅速发展，年产能达到10多万辆，特别是国内各大车辆集团公司，如中国第一汽车集团公司、东风汽车集团有限公司和中国重型汽车集团有限公司等，都把专用车辆的开发和生产放到了重要地位，为专用车辆的发展起到了重要的推动作用。从此，专用车辆从形成行业阶段向逐步成熟阶段迈进。

20世纪90年代初，我国专用车辆的发展以较高的速度增长，专用车辆的品种和产销量均有较大增长。1998年我国生产各种专用车(含自卸车、半挂牵引车等)12.22万辆，2002年达到35.20万辆，4年间增长了1.88倍，平均每年递增30.3%。自卸车、半挂车、起重车辆是产量较大的品种，2002年分别生产17.3万辆、6.1万辆和1.02万辆，分别占专用车总量的49.1%、17.3%和2.9%。产量较大的其他车辆还有混凝土搅拌车(6 504辆)、加油车(5 248辆)、集装箱运输车(5 254辆)和运钞车(5 162辆)等。

2014年，我国专用车辆生产企业为983家，在产企业814家，专用车辆年产量为182.64万辆。2015年，我国专用车辆产量为195.55万辆，同比增长7.1%。近年来，专用车辆市场并非呈现稳定和理性的增长态势，如图1-10所示。在2009—2013年的5年期间，经历过多次跌宕起伏。年最高产量(2010年)是年最低产量(2012年)的1.64倍。2010年专用车辆在国家4万亿元投资资金拉动的影响下，产量达到历史新高，随后出现两年大幅度的连续下滑。

2013 年受国家第四阶段机动车污染物排放标准实施时间的不明朗等因素的影响,冲量现象明显出现了 54.92% 的同比增长率。随着 2014 年新的排放标准的升级,产业发展又继续受到影响。但与 2013 年相比,规模明显下降。根据机动车出厂合格证的统计数据显示,2014 年我国专用车辆实现 182.63 万辆的量产,同比下降 11.19%。其中普通自卸车的产量为 46.42 万辆,同比下降 29.52%;专用改装车的产量为 112.81 万辆,同比下降 9.31%;半挂车的产量为 23.40 万辆,同比增长 52.15%。

当前,专用车辆已经成为我国国民经济中不可缺少的交通运输和工程作业的重要装备,专用车辆覆盖面越来越广泛。近几年来一些专用车辆生产厂家在立足国内市场的基础上,已开始涉足国际市场,尤其是我国中吨位的专用车辆,以其可靠性强、性能适中与价格低廉等特点在发展中国家具有相当大的竞争能力。

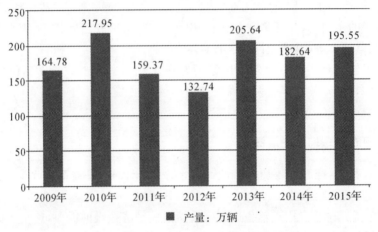

图 1-10　2009—2015 年中国专用车辆产量

1.2.3　专用车辆的发展特点

1. 国外专用车辆的发展特点

(1)多品种,小批量。多品种,小批量,是西方工业先进国家组织生产专用车辆的一个主要特点。如英国约克公司能生产牲畜运输车、保温车、冷藏车、自卸车和粉粒物料散装车等多个品种。日本东急车辆制造株式会社以生产挂车、罐车为主,其中集装箱半挂运输车占有很大的比例。此外该公司还不定期生产厢式车、自卸车、高空作业车、消防车和环卫车等品种。该公司是日本最大的挂车公司。

(2)厂家多,规模小。厂家多,规模小是国外专用车辆生产行业的又一特点。在英国,专营或兼营专用车辆生产的厂家有近 700 家,其中 70% 的工厂职工人数在 30 人以上。根据美国 2007 年的有关资料统计,专用车辆厂有 900 多家,而职工不足 20 人的有 500 多家。据 2009 年资料,日本生产专用车辆的公司约有 128 家,工厂近 200 家。

(3)零部件专业化生产。国外大部分专用车辆厂,本质上是一个总装厂,产品按结构分工或组织专业化协作生产。如挂车车轴、牵引座、支腿及悬架等关键专用设备均由各专业厂集中生产。如日本加藤制作所的茨城工厂仅承担设计和总装两项工作,其他所有零部件分别由 32 个专业厂加工提供。

此外，国外专用车辆制造厂还兼营生产和非生产工业部门组织的改装生产。主机厂利用自产底盘，生产一些规格、标准变化不大，同时又有一定批量的专用车辆。如奔驰、雷诺、沃尔沃、三菱、日产、五十铃，除了以货车为主导产品外，还会利用这种方式组织生产专用车辆，其专用车辆产品均与其主导产品一样具有良好的品牌效应。例如，德国奔驰公司生产救护车、消防车、清扫车和洒水车等，德国斯匹亚公司生产散装粉粒运输车等产品，苏联的各主要车辆厂也都生产由基本型载货车底盘改装的牵引车、自卸车和厢式货车等具有市场竞争力的车辆。

2. 我国专用车辆的发展特点

(1) 制造水平低。我国专用车辆的制造主要依赖工人个人技术水平，自主开发水平比较低，新技术发展缓慢。机械加工还是"一人操作一台设备"，质量主要取决于个人的技术水平。这与日本的自动加工、减少人为技术水平差异、质量比较均一、"一人操作几台机床"有较大差距。

(2) 技术水平低。专用车辆比乘用车要大得多，许多专用车辆是活动的"工作母机"，也就是"活动工厂"。从科技含量看，专用车辆是多学科领域成就的合成；从动力设备看，有电动、气动、太阳能甚至核动力的；从传动装置和工作系统来看，更是"五花八门"。总之，专用车辆的发展水平也代表着一国的科技发展水平。我国许多专用车辆企业在技术开发上投入不足，只好通过仿造国外车型走"捷径"，少数车型采用引进技术及进口关键件。同时，国内一些有实力的车辆厂在产品技术和资金投入上也存在着重基型车、轿车和客车而轻专用车（专用车底盘）的现象。

(3) 份额小规模小。据有关资料分析，目前我国《道路机动车辆生产企业及产品公告》上的专用车辆生产企业有500多家，专用材料品种达1 550多个，专用车辆在商用车辆中的比例为18%~25%。相对整个车辆行业而言，专用车辆市场份额还很小，大多数企业的生产规模很小，多数为外购底盘进行改装生产的中小企业，机械化程度低，手工作坊式的多，产品质量参差不齐，产量小，难于实现大的经济规模，企业的经济效益受局限。一些有实力的民企及外系统企业进入某些专用车领域还存在一定阻力，这不利于市场竞争，也不利于技术进步、产品质量的提高和成本的降低。

1.3 专用车辆技术现状与发展趋势

1.3.1 专用车辆技术现状

以国外罐式车辆、厢式车辆和日本专用用途车辆为例。

1. 罐式车辆

罐式车辆包括底盘、罐体、管道、泵、阀、软管、各种仪器仪表及安全防护装置，国外罐式车辆的产量明显以重型罐车居多。罐式车辆的安全性是最重要的。美国新标准要求所有的油罐车必须保证在任何情况下，都不会造成高毒产品（如氯气和氨气）的外泄。

(1) 罐体形状。罐式车辆的罐体截面形状有圆形、椭圆形、圆矩形和异形。考虑行车的稳定性，大型罐车的罐体截面主要采用椭圆形和圆矩形，当用作高、中压力罐时，则选用圆形截面。经设计的异形罐体能显著降低罐体重心高度，提高稳定性和增大装载量。现在各国均在研究异形罐的成型,以提高罐车的容量和行驶稳定性。

(2)罐体材料。罐体材料的选择除取决于罐车用途外,还与国家经济水平有很大关系。在工业发达国家,铝合金和不锈钢罐体应用十分普遍。铝合金密度小,耐腐蚀性好,受撞不易断裂,是罐车减少质量的首选材料。同体积的铝罐质量比钢罐质量少40%~50%,可使罐车载量提高15%~20%。目前,德国、英国、意大利和日本等国都大量使用铝合金罐,瑞士运输石油制品的罐车几乎全部采用铝合金罐。但是由于铝合金罐强度较低,不宜作为高压容器,所以许多国家禁止采用铝及铝合金制作高压容器罐,高压容器罐一般采用高强度钢。不锈钢罐主要用于运装食用液体及腐蚀性化学性液体。

(3)液体排放方式。国外大、中型液体罐车为提高装卸效率,多数采用压力排放方式,而中、小型液体罐车主要采用重力排放。常用方式有:① 动力式(油泵)。适用于石油制品、食用油、醋酸和液化气等。② 水压式(水泵)。适用于二氧化碳和水等。③空压式(压缩机)。适用于酸类和沥青等。④ 真空式(真空泵)。适用于废酸和粪等。⑤ 氮气压。适用于乙醛、氧化丙烯和已内酰胺等。

2. 厢式车辆

(1)车厢形式。国外在发展厢式车的道路上,首先研制和生产的是不能扩展的硬壁车厢。20世纪70年代以后,车厢的形式发生了很多变化。美国在保证厢式车机动能力的条件下,以基本型车厢为基础,发展了可扩展式军用厢式车。日本50%左右的厢式车辆是翼开式厢式货车。依据扩展式厢式车的用途不同,比较典型的几种扩展形式分别为:① 两侧车厢板掀顶伸缩式;② 两侧车厢板整体伸缩式;③ 两侧车厢板拉索收放式;④ 两侧车厢板扇形展开式。

(2)车厢与底盘车连接形式的发展。厢式车大多是由车辆的二类底盘改装而成的,其整体性能很大程度上依赖于底盘的性能。因此选用优良的底盘是保证车辆整体性能的重要因素。采用现代化生产技术制作的车厢为刚性很强的整体,与有大变形能力的底盘车相连,经常会在连接处造成很高的应力集中。因此车厢与底盘车连接形式的好坏对整车的可靠性起着至关重要的作用。目前厢式车上采用的连接形式主要有:① 多点弹性支撑式;② 普通副车架式;③ 管梁结构式;④ 集装箱(方舱)角件、转锁固定式。

(3)车厢结构。骨架结构封闭的车厢容易实现分片组装,内部根据需要可添加保温材料。该结构的优点是工艺简单,成本低。由于存在骨架这一热桥,大大降低了车厢壁板的保温性能,所以,当今骨架式车厢逐渐被由多块夹芯复合大板构成的大板式车厢所取代。大板式车厢具有强度高、刚度好、荷质比高、保温性能及电磁屏蔽效能好、承载能力强等优点,还易于实现车厢零件的标准化,车厢形式的通用化、系列化以及附属装置的标准化。

(4)车厢壁板材料及制作工艺。20世纪50年代,厢板夹芯材料主要是纸蜂窝或铝蜂窝蒙皮与夹芯材料通过胶黏剂粘接成型。蜂窝夹芯仍有自己不可替代的优点,如能够获得极高的荷重比、极小的热导率和极佳的电磁屏蔽性能等。但是经铆接的外表面,密封性不好,使用一段时间后,易发生渗水,甚至会发生起鼓现象。对于这种车厢,美国采用无缝铝合金蒙皮,壁板连接处采用蒙皮与角件焊接方式,从而保证了外表面的密封性。到目前为止应用最为广泛的是蒙皮采用铝合金,而夹芯材料是硬质聚氨酯泡沫塑料的夹芯复合板。

(5)厢式车辆的发展方向。

1)标准化和通用化。美国确定了标准化、系列化的基型车厢,并在基型车厢的基础上发展了可扩展式车厢,使车厢在尺寸上形成系列化,在车厢结构上实现模块化。

2)电磁屏蔽设计。厢式车是电子设备工作平台的主要装备之一。随着现代科技的发展,越来越多的复杂的电子设备,如指挥控制系统、通信系统、探测与预警系统和雷达系统等都安装到了厢式车上。

3)对于军用厢式车辆,进一步保证车厢的抗爆炸和防洞穿能力。美国认为抗超压和防洞穿能力是今后军用车厢发展的重要课题。目前美国正在研究和试验车厢壁板上用的陶瓷、石墨和玻璃纤维等复合材料,以进一步提高抗超压和防洞穿能力。

3. 专用用途车辆

专用用途车辆包括救护车、宣传车和邮政车等,技术设计主要强调车辆轻量化、材料的再回收利用性以及满足货物装卸方便和用户习惯。

(1)专用用途车辆车架自重所占整车质量比例均较大。为了减轻车架自重,厢体材料80%以上为铝合金,防护装置多采用铝合金或不锈钢。

(2)货物装卸及固定装置完善。广泛采用货物托盘以便于叉车装卸,厢体底板两侧装置导轨槽,锁具置于导轨槽内,可前后自由移动任意位置以锁紧货物;部分车辆内部配有网袋,货物置于网袋中防止货物滑动等。

(3)生产以小批量、多样化、专业化为主。

1.3.2 专用车辆发展趋势

1. 国外专用车辆的发展趋势

(1)重型化趋势。国外专用车辆的产量明显以重型居多,其原因主要是重型专用车辆有较好的经济效益。重型专用车辆功率大、强度高,有中、小型专用车辆无法替代的优点,因此在国外得到了迅速发展,如德国的散装水泥车吨位均在 15 t 以上。

此外,国外公路发达,车辆运输的特点使公路运输胜过铁路运输。为了提高长途运输的营运经济性,公路货运专用车辆不断向重型化或列车化方面发展。20 世纪 90 年代,国外公路运输中的专用车辆绝大部分都是重型车,其中以重型专用半挂列车、重型厢式半挂车或集装车运输半挂车为主。

(2)高速化趋势。为适应高速公路的运输条件和提高运输效率,要求不断提高其车速。如前所述,这就促进了重型牵引车的研究和开发,采用大功率的发动机,改善动力性,提高安全性,如德国 MAN 公司、法国雷诺公司、美国福特公司等许多世界著名的车辆公司都不断开发出能适应高速公路运输的高质量的重型牵引车。

(3)高技术趋势。国外专用车辆在其性能优良的底盘基础上,选用高新技术的专用装置总成及设备,采用机-电-气-液一体化技术、电子技术、传感技术等,使其整车使用性能不断提高,这也是我国专用车辆与国外专用车辆的重要差距之所在。

(4)一车多用化的趋势。为提高专用车辆的适应性以满足各种特殊需要,使专用车辆功能由单一向多功能发展。

(5)新材料、新技术和微电脑的应用趋势。国外专用车辆厂家非常注重新材料和新技术在专用车辆上的应用,如采用 GRP(玻璃纤维增强塑料)替代金属材料,来制造冷藏车厢体,使其具有强度高、质量轻及寿命长等优点,GRP 的应用日趋广泛。微电脑已广泛用于发动机控制、自动变速、专用装置动力传递和电器故障诊断等方面,使专用车辆的使用价值逐渐扩大,技术性能明显提高。

(6)轻量化发展趋势。专用车辆要求结构设计简化,铝合金、高强度钢等轻量化材料将得到广泛应用。

(7)标准化设计应用趋势。产品结构标准化,以尽量少的内部变化组合成适度的多样化产品或产品的多样化组合,减少采购成本、简化生产流程、提高产品质量、降低生产成本。

(8)个性化和人性化设计。近年来,国外市场对专用车辆产品技术含量和附加值的要求越来越高,一些高新技术开始在专用车辆上得到广泛的应用,一些能够满足特殊功能要求的专用车辆底盘被开发研制。不论是液压举升装置、机械作业装置,还是制冷保湿装置、安全防护装置;不论是各类缸、泵、阀、仪表等总成,还是各种箱体、罐体等车身结构,均在专用车辆上得到了广泛应用,在一定程度上满足了新形势下用户对专用车辆产品的多样化需求。更注重个性化和人性化设计。

(9)专业化、系列化。国外不少车辆厂专门从事专用车辆底盘的生产,尤其重视专用底盘的系列化、专业化生产,以满足专用车辆的特殊需要。

2. 我国专用车辆的发展趋势

(1)随着我国国民经济的发展,基础工业建设的需要,电站和水利建设、交通运输建设等的发展,需要大量的专用车辆,重型专用车辆起着举足轻重的作用,如重型半挂车、重型自卸车等。重型车经济效益好、功率大,有利于综合利用。而目前我国的专用车辆占全国载货车辆保有量和年产量的比例还较小,与发达国家相比较差距很大。因此重型专用车辆的开发生产,无论在品种上还是成批量生产上,都具有广阔的发展前景。

(2)我国的专用车辆过去一直以中型为主,现在的趋势:一是往"大"走,如前所述,大或重适于公路运输;二是往"小"走,小或轻适于走街穿巷,随着国民经济的发展,城市需要大量的生活用车、环卫用车、医疗用车和市政用车等各种轻型专用车辆,这些也已成为轻型车市场的组成部分,专用车(包括各种改装)的轿车化趋势也在悄然兴起。

(3)随着国家污染物排放标准 GB 17691—2018《重型柴油车污染物排放限值及测量方法(中国第六阶段)》的公告发布,国六即将付诸实施,新能源专用车辆也应运而生。从电动车辆资源网获悉,2018 年前 5 个月新能源专用车辆累计生产 1.46 万辆,同比增长 138%;累计销售 1.53 万辆,同比增长 134%。未来新能源专用车辆还将有更广阔的发展空间。

复习思考题

1. 简述专用车辆的概念。
2. 简述专用车辆的分类。
3. 简述专用车辆的编号。
4. 试述我国专用车辆的发展概况。
5. 未来专用车辆的发展趋势如何?
6. 专用车辆的国内外发展不同在哪里?
7. 我国专用车辆的发展方向应该在哪里?

第 2 章 罐式车辆

2.1 罐式车辆概述

2.1.1 罐式车辆用途及特点

罐式车辆是指装有罐状容器的运货汽车。有的罐式汽车还装有某种专用设备,以完成特定的作业任务。罐式车辆专门用来装运散装的液状、粉状、粒状及气体等具有一定流动性的货物,如液体燃料、润滑油料、液体化学品、水泥、饲料、饮食品和水等。

罐式车辆在汽车运输中发挥着重要的作用,其具有以下特点。

(1)提高运输效率。由于罐体是装载物料的容器,所以可以采用机械化装卸方式,缩短装卸时间,加快车辆的周转,提高运输效率。

(2)保证货运质量。罐体通常为密封容器,罐内物料不受气候条件影响,若物料对温度有要求,还可作成隔热罐体、加热罐体等特殊结构来保护物料。因此,物料不易变质,也不易污染和泄漏。

(3)改善装卸条件,减轻劳动强度。罐式车辆运输可实现装、运、卸机械化,且都在封闭状态下进行,大大地减少了装卸工人人数和减轻了劳动强度,也减少了粉尘飞扬和散发异味。

(4)节省包装材料,降低运输成本。物料散装运输节省了包装材料,增加了装载质量,运输成本下降。

(5)有利于安全运输。由于是密封运输,所以物料不会泄漏,即使是有毒物质,也不会污染环境。对于易爆、易燃物品,也不易产生意外事故。

罐式车辆的罐状容器一般是专用的,只能装运规定的物品,而且由于资源的限制,运输往往是单向的,使车辆实载率降低。为便于某些物品的装卸,还需设有专用设备,罐体的维修费用较高。尽管如此,罐式车辆在现代汽车运输中显示出越来越强的优越性,得到了广泛的应用。

2.1.2 罐式车辆分类

1.按用途分类

(1)液罐汽车。它是用于装运液体物质的罐式车辆,如装运水、轻质燃油、润滑油、酸类、饮料、牛奶和酒类等。

(2)粉罐汽车。它是用于散装粉状物料的罐式车辆,如装运水泥、面粉、滑石粉和粉煤灰等。

(3)颗粒罐车。它是用于散装颗粒状物料的罐式车辆,如装运谷物、豆类、颗粒盐和粒状塑料等,其结构与气卸散装粉罐汽车基本相似。

(4)气罐汽车。它是用于装运液化气体的罐式车辆,如装运液化石油气、液氮和液氧等。液化气罐车承受的内压一般在1.1 MPa以上。

(5)其他专用罐式车辆。它是指能完成某种作业的罐式车辆,如洒水汽车、沥青洒布汽车等。

2. 按罐体能承受的内压力大小分类

根据 GB 150—1998《钢制压力容器》,罐体按内压分级分为以下4个等级:

(1)低压罐体:$0.1\ \text{MPa} < p < 1.6\ \text{MPa}$,主要用来装水、轻质燃油和动植物油等物品;

(2)中压罐体:$1.6\ \text{MPa} < p < 10.0\ \text{MPa}$,主要用来装运苛性碱、浓硫酸和沥青等物品;

(3)高压罐体:$10\ \text{MPa} < p < 100\ \text{MPa}$,主要用来装运液化石油气和液氯等物品;

(4)超高压罐体:$p > 100\ \text{MPa}$。

对于承受内压1.1 MPa以上的罐体,在设计时必须按照GB150.1~150.4—2011《压力容器》及其相关规定。其他罐体内压在0.6 MPa以下的罐车,可不按此要求进行。

3. 按罐体与汽车或挂车的连接方式分类

(1)半承载式罐车。罐体刚性固定在汽车或挂车的车架上,载荷主要由车架承受,罐体只承受部分载荷。罐体容积不太大的罐车多采用半承载式结构。

(2)承载式罐车。罐体除作为容器外,还起车架作用,即无车架结构,全部载荷由罐体承受。由于省去了车架部分质量,所以在总质量一定情况下,装载质量要比半承载式罐车大一些,这对提高运输效率是有利的,但对罐体设计和制造要求也相应提高。

4. 按罐式容器的卸货方式分类

按罐式容器的卸货方式,罐式车辆分为重力卸货、动力卸货和真空卸货等。

2.1.3 罐体支撑梁

罐体与汽车主车架的连接是通过罐体底部的支撑梁和固定装置来完成的。

1. 支撑梁的分类

支撑梁有整体式和分置式两类,分置式又分纵梁分置式、横梁分置式和纵横梁分置式3种。它们都焊接在罐体底部,与罐体成一体,并在焊接处焊有加强钢板。

(1)整体式支撑梁。其纵梁和横梁焊成一体,再与罐体焊在一起,如图2-1所示。纵梁截面有L形或与上部零件的连接面组成长方形、梯形、直角梯形等,上部形状视罐体外形而定。横梁截面多为L形。支撑梁与汽车之间用固定装置联锁。

(2)纵梁分置式支撑梁。纵梁分置式支撑梁由左、右两根纵梁分别焊于罐体底部两侧,相互不直接连接,与整体式支撑梁一样,需用固定装置和止推板等与汽车车架连接。

(3)横梁分置式支撑梁。其横梁常与罐体连接成长方形封闭截面,用U形螺栓和联锁装置与车架连接。这种支撑梁常采用前、后横梁支撑于立式罐体下部。

(4)纵横梁分置式支撑梁。其一般由两根纵梁和一根横梁组成,用U形螺栓和联锁装置与车架连接,也常用于立式罐体上。

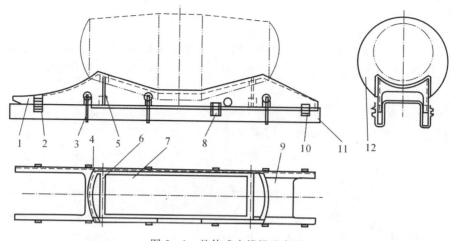

图 2-1 整体式支撑梁示意图

1—支撑纵梁； 2—弹性连接块； 3—U形连接螺栓； 4—封板上托板； 5—支撑横梁； 6—横梁上板；
7—纵梁上托板； 8—止推板； 9—封板； 10—刚性连接块； 11—汽车车架； 12—罐体

2. 罐体支撑梁固定装置

(1) 常用的固定装置如图 2-2 所示。图 2-2(a) 为刚性联锁，联结块分别装在支承座和车架上，然后用螺栓、螺母将两者刚性地联接起来。图 2-2(b) 为 U 形螺栓联锁，直接将支承座和车架联接在一起，是普遍采用的一种固定装置。

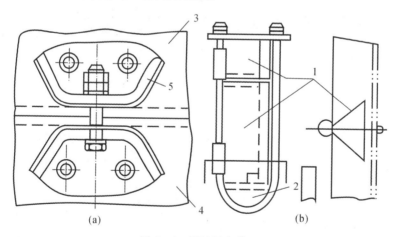

图 2-2 刚性固定装置
(a) 刚性联锁；(b) U形螺栓联锁
1—衬架； 2—垫块； 3—支承座； 4—车架； 5—联接块

(2) 弹性固定装置如图 2-3 所示。图 2-3(a) 为弹性垫板联锁，在支承座和车架之间垫上具有弹性的软垫(如硬橡胶、软塑料、木块或纸板)，再用螺栓或 U 形螺栓联锁。这种弹性垫能缓冲罐体支承座的动载荷。若在螺栓两端装上弹性垫圈，缓冲效果更好。图 2-3(b) 为弹簧联锁，联接块通过弹簧、螺栓、螺母成弹性联锁。这种联锁不单独使用，常与刚性联锁配合使用。图 2-3(c) 为弹性铰接式联锁，弹性胶轴套 10 衬在轴套座 9 与铰轴 8 之间，轴套座两端固定在车架 2 或副车架 11 上。罐体支承座 5 与铰轴 8 铰接。当受外力作用或汽车底盘受到扭

— 15 —

矩作用时,由于铰轴8在弹性胶轴套10中有一定的自由度,所以罐体不会承受扭矩。若罐体支承座前部采用弹性铰接式联锁,且置于车架中间,支承座后部采用两组其他的固定型式,使支承座形成三点支承,效果更佳。图2-3(d)为球面铰接式联锁,车架上的球面铰座12与焊在支承5上的球形钢套13套合着一个弹性橡胶块14,用螺母锁定。中轴螺栓能作多向活动,起缓冲作用。这种联锁方式常用于重型液罐车、越野液罐车上。图2-3(e)为全浮动式联锁,中间有带孔隔板的胶芯19安装在座套18内,用上、下罩盖21和20及中轴螺栓15固定。当中轴螺栓受力时,胶芯19可起缓冲、吸振作用。

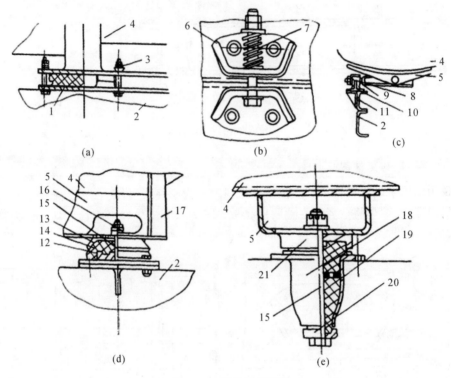

图2-3 弹性固定装置

(a)弹性垫板联锁; (b)弹簧联锁; (c)弹性铰接式联锁; (d)球面铰接式联锁; (e)全浮动式联锁

1—橡胶弹性块; 2—车架; 3—弹性胶垫; 4—罐体; 5—支承座; 6—联接块; 7—弹簧;
8—铰轴; 9—轴套座; 10—弹性胶轴套; 11—副车架; 12—球面铰座; 13—球形钢套; 14—弹性橡胶块;
15—中轴螺栓; 16—弹性垫圈; 17—前立板; 18—座套; 19—胶芯; 20—下罩盖; 21—上罩盖

2.2 液罐汽车

2.2.1 液罐汽车的用途

液罐汽车是装载罐式容器,用来装运液态物品的专用罐式车辆的统称,如图2-4所示,如油罐汽车、液化石油气罐车、酸碱液罐车和饮食液罐车等。罐体的容积一般比额定装运液体的容积大5%～10%,以补偿液体在运输过程中的膨胀。

图 2-4 液罐汽车

2.2.2 液罐汽车的分类及结构

(一) 油罐汽车

油罐汽车按其功能不同可以分为运油汽车和加油汽车两种。运油汽车一般指运输轻质燃油、重油、润滑油和植物油等的罐式车辆,也可作储存油料用的加油汽车。除能运油外,还有以下功能:①能为本车油罐加油;②能将本车的燃油加给其他容器;③能不经本车油罐将一个容器的燃油注入另一容器内,起移动泵站作用;④能抽回加油软管中的燃油;⑤能使燃油在本车内循环、搅拌,即所谓倒油。

1. 运油汽车

图 2-5 为轻质燃油半挂运油汽车列车,主要装置有油罐、油管、呼吸阀、放油阀、液位指示器、静电消除装置及灭火器等。图 2-6 为该车油罐结构示意图,罐体分隔成前后互不相通的两个舱,每个舱各有一个人孔,每个人孔盖上都有一个加油口,而呼吸阀只装在前舱的人孔盖上,用连通气管在罐体外将两舱连通,共用一个呼吸阀。尾部的接地链条用来将运油车在行驶中产生的静电导入大地。输油软管处安装接地导线,其末端装有接地棒。放油时应将接地棒插入地下,以便将放油时产生的静电导入大地。灭火器通常配置两个,安装于汽车驾驶室后部的两侧。排气管和消声器不能接近油罐,要移至汽车前保险杠下,以免引起火灾。

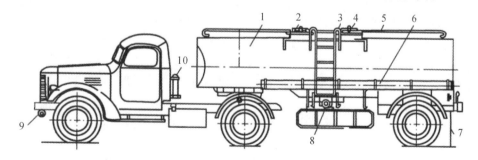

图 2-5 半挂运油汽车列车

1—油罐; 2、4—加油口; 3—扶梯; 5—连通气管; 6—输油软管;
7—接地链条; 8—放油阀; 9—排气管和消声器; 10—灭火器

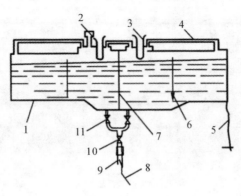

图 2-6 半挂运油车油罐结构示意图

1—罐体； 2—呼吸阀； 3—加油口； 4—连通气管； 5—接地链条；
6—防波板； 7—隔板； 8—接地导线阀； 9—放油软管； 10—放油阀； 11—底阀

(1)罐体结构。油罐车的罐体大都采用普通低碳钢板焊接而成,如图 2-7 所示。罐体的两端由封头 1 封住,中间为椭圆形截面罐体。罐体内设有隔板 5、纵向防波板 8、横向防波板 9 及相应的支承。罐体上部设有防护框 3、人孔盖口 4 和溢流管 2 等。罐体下部焊有罐体支座 6 和底阀座孔 7。罐体的壁厚应大于 3.2 mm,罐体内表面先进行喷砂处理,然后作涂(或喷)锌处理。

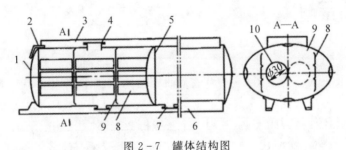

图 2-7 罐体结构图

1—封头； 2—溢流管； 3—防护框； 4—人孔盖口； 5—隔板； 6—罐体支座；
7—底阀座孔； 8—纵向防波板； 9—横向防波板； 10—人孔

(2)隔板。若罐体的容量不大时,整个容器作为一个单室;若罐体的容量较大时,容器内部需用隔板将其分隔成几个独立的单室,每个单室均设有人孔盖、底阀总成。

如果车辆行驶时,液罐中留有一定的空隙或未装满,液体在容器中将前后、左右波动,若容器的容量很大,则波动的动能就很大,质心的变化也就很大,将引起汽车轴荷的剧烈变化,严重影响汽车行驶的稳定性。

若液罐半挂汽车容器较大而无隔板,汽车列车上坡或加速行驶时,液体流向容器的后部,如图 2-8(a)所示,结果使牵引汽车驱动轴的轴荷大大减少,降低了汽车列车的通过性,使牵引汽车的牵引力得不到充分的发挥;汽车列车下坡或减速行驶时,又使液体流向容器的前部,同样也造成牵引汽车轴荷变化较大。

若液罐半挂汽车的液罐罐体分隔成几个单室,如图 2-8(b)所示,即可以改善上述情况,还可以在同一辆液罐车上同时装运几种不同的液态货物。罐体的每个单室容量的大小尚无统一标准,它取决于货物的性质及整个容器的总容量。当容器总容量小于 20 m³ 时,每个单室的容量应小于 4 m³。

图 2-8 半挂液罐车坡道行驶示意图
(a)单室液罐车； (b)多室液罐车

(3)防波板。为了减轻汽车行驶中液体在容器内的波动,罐体的每个单室中一般都设有防波板。横向防波板是沿汽车横断面布置的,以减轻液体在容器内的前后波动;纵向防波板是沿汽车纵轴线方向布置的,以减轻液体在容器内的左右波动。为了便于维修,横向防波板上还开有直径不小于 550 mm 的人孔,为了提高横向防波板的防波效果,同一单室的两个或两个以上防波板上的人孔应交错布置。

(4)防护框。设在罐体的上部,其高度应高于顶端 50 mm 以上,以便于对加注口、溢流阀等上部装置起保护作用;同时能使防护框内的雨水或加注油时溅出的油料汇集起来,通过罐体前端的溢流管口流出,以免污染整个罐体外表面和车身。罐体底部的底阀座孔可以与油泵及连接管路连接形成加油车,也可以与放油管路连接形成运油车。

(5)其他装置。

1)呼吸阀。呼吸阀能根据罐内气压的大小自动调节,并与大气保持平衡。其作用是减少油料蒸发,防止罐体变形。调定压力(表压力)一般高压为 14.7～24.5 kPa,低压为 4.9～9.8 kPa。一般的大型油罐各舱均装一个呼吸阀,中、小型油罐可以只装一个呼吸阀。

呼吸阀由吸气阀和排气阀两部分组成。如图 2-9 所示,吸气阀 2 和排气阀 4 为两个安装方向相反的单向阀。吸气阀受气体的作用面积小,其弹簧 7 的刚度也小,开启的压力较低,一般为 4.9～9.8 kPa;排气阀受气体的作用面积大,其弹簧 8 的刚度也大,开启的压力较高,一般为 14.7～24.5 kPa。当罐体压力低于 4.9 kPa 时,大气压力将吸气阀 2 向下推离密封圈 3,压缩弹簧 7,油罐内外相通,吸入部分空气,使容器内的压力升高到正常值,阀门关闭;当容器内的气体压力由于挥发量增大或温度升高而超过 24.5 kPa 时,排气阀在容器内外压差的作用下,克服弹簧 8 的弹力而打开,排出容器内的部分气体,使容器内的压力降至正常值。

呼吸阀的阀体用镍铬不锈钢制造,其余零件也均用耐酸不锈钢制造,以防生锈。呼吸阀的数目根据罐体的大小来确定,中小型油罐一般各个单室共装一个呼吸阀,而大型油罐每个单室各装一个呼吸阀。呼吸阀的吸气压力和排气压力分别由调整螺母 9 和 10 来调整。密封圈 3 破损或发胀可以更换。钢丝网 5 沾满油污时可以清洗或更换,保证其通气。应经常检查呼吸阀的工作情况,确保其工作灵敏可靠。

2)液位报警器。液位报警器装在人孔盖上,其结构示意图如图 2-10 所示。当罐体内的液面高度变化较快时,气体便由排气管 2 通过双音哨 3,从而发出响声。当液面达到额定液面高度 4 时,浮球 1 随液面浮起而堵住排气管 2 的进气口,哨声停止,从而起到液位报警的作用;当罐体内的液体卸空时,哨声也停止。

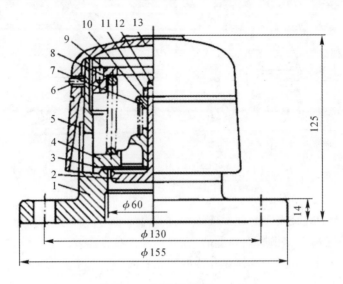

图 2-9 呼吸阀(单位：mm)

1—阀体； 2—吸气阀； 3—密封圈； 4—排气阀； 5—钢丝网； 6—固定螺钉；
7、8—弹簧； 9、10—调整螺母； 11—锁紧螺母； 12—开口销； 13—防尘罩

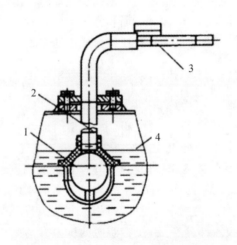

图 2-10 液位报警器

1—浮球； 2—排气管； 3—双音哨； 4—额定液面高度

3) 液位指示器。液位指示器能随时测量和显示液位的高度和液量,可防止加液超量。常用的液位指示器通常有油量标尺(直观式液位指示器)、浮球式液位计、油量表和油量传感器等4种形式。

4) 静电消除措施。运油汽车和加油汽车在自吸装油、给设备加油及运输途中都易产生静电。由于轮胎是绝缘体,产生的静电不能导入大地,由此可能引起的静电放电是影响运油汽车和加油汽车安全的危险因素,故必须考虑疏导静电。

消除静电应从运油汽车和加油汽车的设计和使用两方面着手,通常采取以下措施。

A. 接地。运油汽车和加油汽车上的专用设备,如油罐、管道、附件等与车架之间要用导线

或导体相连,最后通过金属链条或专用导电橡胶板条与地面接触,将车体和专用设备上的静电荷导入大地。一般搭铁线电阻应大于 50 Ω,链条接地长度应大于 200 mm。此外在加油或装油时,导线最好与金属相接,再将其插入地内。

B. 限定油液流速。通常规定易燃性液体的流速不应超过 4 m/s。

C. 高电导涂层。罐体内壁为防腐蚀采用的涂层应是高电导率涂层,绝不允许采用非金属高阻抗涂层。

D. 中和静电。即电离周围介质,产生极性相反的离子来中和静电。常用的有感应式静电中和器和放射性静电中和器。静电中和器一般安装在加油汽车过滤器的出口管路上。

5)放油阀。图 2-11 为半挂油罐车的放油阀及其操纵机构图。其安装在罐体中部的下方,在侧面进行操纵。当车辆行驶时,放油阀的弹簧 3 将阀芯 5 压紧在阀座圈 6 上,阀呈关闭状态;当放油时,将操纵手柄 15 的左端向下压,使顶杆 12 向上顶开阀芯 5,压缩弹簧 3,阀门打开,油液流出进入放油软管。为使阀门开度保持不变,可将操纵杆手柄卡入定位板 16 的锁孔内。放油完毕,撤去操纵手柄 15 上的作用力,放油阀恢复到关闭状态。

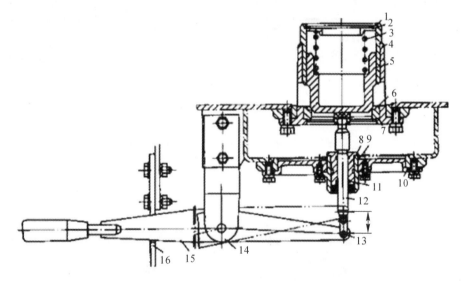

图 2-11 放油阀及操纵机构

1—阀套; 2—压圈; 3—弹簧; 4—阀座; 5—阀芯; 6—阀座圈; 7—密封垫; 8—衬套; 9—套圈; 10—底盖; 11—O 形密封圈; 12—顶杆; 13—连接板; 14—操纵手柄支架; 15—操纵手柄; 16—定位板

2. 加油汽车

加油汽车应能实现加油功能。轻质燃油加油汽车的分类及性能参数应符合表 2-1 的规定。

(1)加油汽车结构。加油汽车通常由汽车底盘、罐体、油管、各种阀、各种工作仪表、过滤器、静电消除装置、软管绞盘总成、加油枪及驱动装置等组成。图 2-12 为普通加油汽车外形图。

表 2-1 加油汽车的分类及性能参数表

油罐额定容量	加油软管公称通径/mm	加油软管单管流量/(L·min^{-1})	吸油性能		
			吸油深度/m	自吸时间/min	吸油流量/(L·min^{-1})
≤8 000	25	≤150	≥4	≤4	≥500
	38	≤350			
8 000～12 000	51	≤750			
	63	≤1 200			
≥12 000	51	≤750			
	63	≤1 200			

注：表中参数是指环境温度在(20±5)℃条件下的性能。

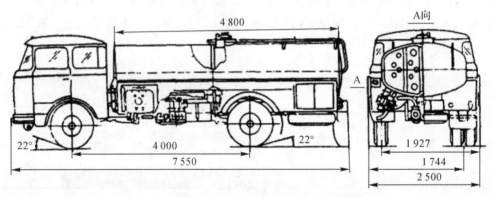

图 2-12 普通加油汽车外形图（单位：mm）

加油汽车的罐体与运油汽车的罐体相似，具有运油汽车罐体的基本装置。图 2-13 所示为一大型加油车罐体结构图。横向隔板 1 将罐体分成 3 个舱，每个舱内设有横向防波板。罐体宽度较大时，可再设纵向防波板 2。防护栏 6 和侧防护架 7 用来保护加油口、呼吸阀等不受意外碰伤，以免造成燃油外溢。大型罐体还可在其内部设置立柱 8，以提高罐体刚度。

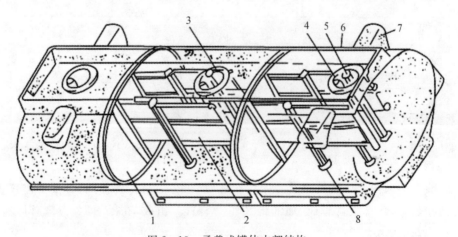

图 2-13 承载式罐体内部结构

1—横向隔板；2—纵向防波板；3—出入孔盖；4—加油口；
5—呼吸阀；6—防护栏；7—侧防护架；8—立柱

加油汽车为了具备给受油设备加油、自吸装油、循环搅油、移动泵站作用、吸回加油软管中的油液等5种功能，输油管路也较运油汽车复杂，并设有油泵。图2-14所示为一大型加油车的管路系统。该车有4个舱，每个舱底都装有一个底阀装置，并且为了放油方便，在汽车左、右两侧及尾部各设置一个放油阀，以便适应车辆在不同方位时进行加油作业。底阀装置设于每舱底部，并与输油管道相接，如图2-15所示。底阀装置包括底阀和紧急关闭阀两部分，当进行加油作业时，打开底阀；当运输时，关闭底阀。紧急关闭阀经常处于打开状态，只有在装卸作业中出现意外情况时才关闭。

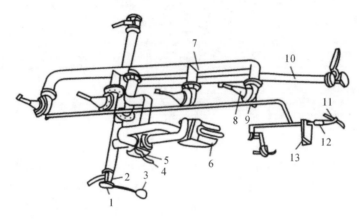

图2-14　大型加油车输送管路
1—软管接头；2—放油阀；3—放油口盖；4—操纵手柄；5—四通阀；6—油泵；7—油管；8—底阀滤网；9—底阀装置；10—放油管；11—紧急关闭阀操纵杆；12—紧急关闭阀操纵杆锁扣；13—固定板

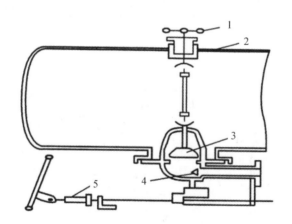

图2-15　底阀装置示意图
1—底阀操纵机构；2—锥体；3—底阀；4—紧急关闭阀；5—紧急关闭阀操纵机构

若底阀用手操纵不方便时，可采用气动操纵的底阀，如图2-16所示。阀塞3在弹簧2的作用下紧贴着密封圈4，底阀处于关闭状态；当活塞9下方进入压缩空气时，推动活塞9、活塞杆8，顶起阀杆，阀塞上移，底阀打开。若气控失灵，可拧动螺杆13，顶起活塞杆8，使底阀开启。

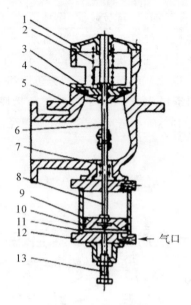

图 2-16 气动底阀

1—阀盖；2—弹簧；3—阀塞；4、10—密封圈；5—阀体；6—阀杆；
7—O形密封圈；8—活塞杆；9—活塞；11—缸筒；12—缸盖；13—螺杆

放油阀常用的有球阀、蝶阀等。目前各类加油汽车大多用铝合金球阀。放油阀的操纵形式有手动、液动、气动和电动等，根据总布置要求确定。手动形式简单，当无特殊要求时，一般采用手动。为提高机械化程度，也可采用液动或气动。液动力源可取本车动力转向系统的压力油液，气压源可取本车制动气源。电动形式容易引起火灾。

(2)加油汽车油路系统。根据加油汽车实际性能要求，通常是按加油汽车的各种功能，确定一个最佳油路系统，以满足作业需要，并力求结构简单，工作可靠，工艺性良好，容易实现"三化"，管路较短。加油车一般有普通加油车和飞机加油车。

1)普通加油车。图 2-17 所示为大型加油车油路系统，该车的加油管路中有阀门 16 和 17、油泵 15、阀门 7、滤清器 3、流量计 11、阀门 5 和 10、绞盘总成 8 及加油枪等。

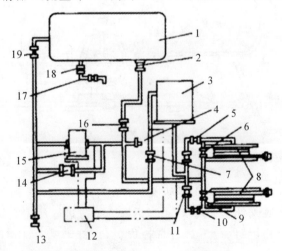

图 2-17 大型加油车油路系统

1—油罐；2—底阀；3—滤清器；4、5、6、7、9、10、13、16、17、18、19—阀门；
8—绞盘总成；11—流量计；12—仪表板；14—安全阀；15—油泵

油液是经过滤并计量后给受油容器加油的。为防止系统压力超过规定值,在油泵进口与出口之间并联了一个安全阀 14。过滤器既可安装在油泵出油管路上,也可安装在油泵进油管路上。流量计设置在油液过滤后的油路上,用于监测加油量。为了监测主要部件的工作情况和某些加油性能,在油路上可设置一些监测仪表。如在油泵出口安装压力表,用于监测油泵的工作压力;在油泵进油口安装真空压力表,用于监测油泵进口真空度大小,随时掌握油泵的工作情况;在过滤器上安装压差表,用于监测过滤器进出口压力差,若压差大于某一值,表示滤芯已堵塞,应立即进行清理,若压差小于某一值,表示滤芯已被击穿,则应更换。

操纵各种阀门的开启或关闭可实现下述 5 种功能:当开启阀门 5、7、10、16 时,罐中油液经油泵、管道、阀门 7、滤清器 3、流量计 11、阀门 10 或阀门 5 给受油容器加油;当开启阀门 16、19 时,罐内油液经阀门 16、油泵 15、阀门 19 返回油罐进行内部循环,搅匀罐内油液;当开启阀门 4、13 时,可起泵站作用,即将油库或其他储油设备的油料经本车油泵输给受油设备;当开启阀门 4、19 时,为本车油罐自吸装油;阀门 17、18 用来排放罐内的水分和沉淀的杂质。

图 2-18 所示为普通加油车的管路系统原理图。其工作过程如下。

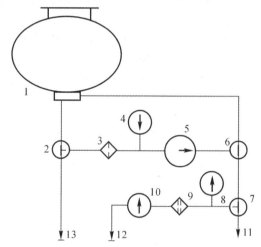

图 2-18　普通加油车管路系统原理
1—油罐;　2、6、7—三通球阀;　3—粗滤器;　4—真空表;　5—油泵;
8—压力表;　9—细滤器;　10—流量计;　11、12、13—油管接头

A. 自流放油。转动三通球阀 2,接通油罐 1 与油管接头 13 的通道,油液便通过三通球阀 2 和油管接头 13 自流放油。

B. 将油液经粗滤注入其他容器。转动三通球阀 2,接通油罐 1 与粗滤器 3、油泵 5 的通道,并转动三通球阀 6 和 7,开启油泵 5,油液从油管接头 11 注入其他容器。其流程为油罐 1→三通球阀 2→粗滤器 3→油泵 5→三通球阀 6→三通球阀 7→油管接头 11。

C. 将油液经细滤计量注入其他容器。转动三通球阀 2、6、7,开启油泵即可将本油罐内的油液经细滤、计量从油管接头 12 注入其他容器。其流程为油罐 1→三通球阀 2→粗滤器 3→油泵 5→三通球阀 6 和 7→细滤器 9→流量计 10→油管接头 12。

D. 将其他容器中的油液吸入本车油罐内。转动三通球阀 2 和 6,开启油泵即可将其他容器中的油液经油管接头 13→三通球阀 2→粗滤器 3→油泵 5→三通球阀 6 吸入本车油罐内。

若需经过计量后进入本车油罐内,可在油管接头 12 处接输油胶管,将输油胶管的另一端经油罐上部的加油口放入油罐内,开启油泵,即可将其他容器中的油液经油管接头 13→三通球阀 2→粗滤器 3→油泵 5→三通球阀 6 和 7→细滤器 9→流量计 10→油管接头 12→输油胶管吸入本车油罐 1 内。

E.作移动泵站。作为移动泵站的使用,其流程为其他供油容器→油管接头 13→粗滤器 3→

油泵 5→三通球阀 6 和 7 ＜（计量）→细滤器 9→流量计 10→油管接头 12→其他加油容器。

（不计量）→油管接头 11→其他加油容器。

F.循环搅拌本车油罐内的油液。转动三通球阀 2 和 6,开启油泵,使油液自本车油罐吸入,经三通球阀 2→粗滤器 3→油泵 5→三通球阀 6 再回到本车油罐内,即可完成对本车油液的搅拌,使其混合均匀。

2）飞机加油车。飞机加油车在总体上与普通加油车基本相同,但结构上还有特殊要求。主要表现为:加油压力稳定性要求高,为此在加油管路上加装压力调节器、稳压器和压力加油接头;油料的洁净度高,油路上要用高性能的过滤分离器;罐体和管道必须采用铝合金制造;绝对保证加油安全性,应安装消静电装置、联锁控制系统、电气防爆器灭火器等;装有高精度、大流量的计量器;油罐总容量大,给飞机加油要一次完成。

图 2-19 所示为飞机加油车的油路系统。其功能齐全,结构复杂,工作过程比普通加油车增加了注油管路内剩油回罐的功能。当飞机加油结束时,其实际加油量应为流量计上的计数扣除注油管路内的剩油。因此,注油管路内的剩油必须计量回罐。剩油回罐的操作顺序为:关闭球阀 15,打开慢关阀 19、20 和球阀 6、7 及球阀 2、3、8,开启油泵。注油管路内的剩油便吸入油泵,经过滤器、球阀 3、左右流量计、球阀 8 回油罐,其回油量便可从流量计读出。这样加油得到的油量,才是加入的实际油量。

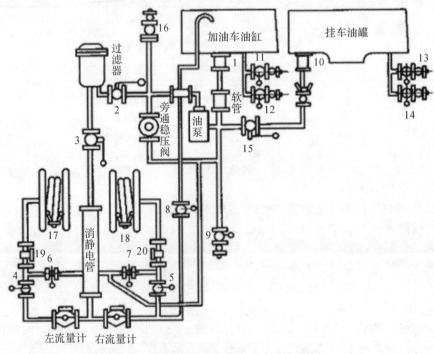

图 2-19 双挂式飞机加油车油路系统

1、10—底阀; 2、3、4、5、6、7、8、9、11、12、13、14、15、16—球阀;
17、18—软管绞盘及自闭式加油接头; 19、20—慢关阀给飞机加注燃油的油量大、时间短。一般要求 20 min 之内完成飞机的全部加油过程,这就给飞机加油车提出了更高的要求。为了提高加油速度,简化操作,有些加油车的控制阀采用二位二通气动阀来控制油液的流向,如图 2-20 所示。通过操纵集中在操作室的气动开关来迅速地启闭二位二通气动阀 4、5、11、13、14 和 16,实现加油车的功能,减轻了劳动强度,缩短了加油时间。

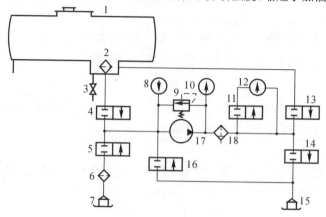

图 2-20 飞机加油车气控管路系统原理

1—油罐; 2、6—粗滤器; 3—截止阀; 4、5、11、13、14、16—二位二通气动阀; 7、15—油管接头;
8—表; 9—溢流阀; 10—压力表; 12—流量计; 17—油泵; 18—分水过滤器

(3)油罐车的加热系统。加热油罐用于装运润滑油、重油等液体的油罐车,一般是在普通油罐或保温油罐的基础上增设加热系统,构成加热油罐车。油罐车的加热系统常采用废气加热、蒸汽加热和电加热等加热方法。

1)废气加热系统。图 2-21 所示为废气加热系统示意图。在罐体 9 中设有若干加热管 4,通过前扩张室 3、上控制阀 2 与发动机排气相接。若需要对罐体中的油液进行加热,可打开上控制阀 2,关闭下控制阀 1,由发动机排出的废气便经过上控制阀 2、前扩张室 3、加热管 4 和后扩张室 8 排入大气,作为热交换器的加热管便对罐体中的油液加热;若不需对罐体中的油液进行加热,可关闭上控制阀 2,打开下控制阀 1,发动机排出的废气按正常通道经消音器 11 排入大气。废气加热系统的特点是可以利用发动机废气的热量,加热比较均匀,但罐体结构复杂。

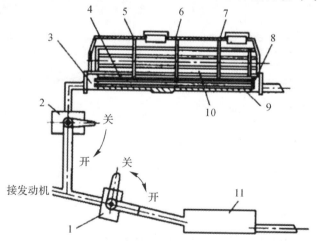

图 2-21 油罐车废气加热系统示意图

1—下控制阀; 2—上控制阀; 3—前扩张室; 4—加热管; 5—前折流隔板; 6—中折流隔板;
7—后折流隔板; 8—后扩张室; 9—罐体; 10—防波板; 11—消音器

2)蒸汽加热系统。蒸汽加热油罐车的罐体内设有若干缠绕式肋片管(或蛇形管)热交换器,通过专用管接头与外部蒸汽源相连接,利用外部传入的蒸汽热量对罐体内的油液加热。该系统具有升温快、加热均匀、结构简单、质量轻、应用广泛的特点。润滑油罐车大都设有蒸汽加热系统,以保证其在寒冷季节正常工作。但是,它必须与能提供蒸汽的气源配套使用。

3)电加热油系统。电加热油罐车的罐体内设有若干个红外线加热器,通电对罐体内的油液加热。该系统的特点是结构简单,加热效率高。但是,由于加热面集中,所以加热器周围容易产生焦化现象。为此,可采用边加热边搅拌油液的方法来克服。

(二)沥青罐车

沥青罐车是指装有沥青容罐和沥青加温设备,用于运输沥青的专用车辆。它是公路、城市道路、机场及其基本建设工程的重要运输设备之一。

由于沥青在常温时呈半固态,所以,只有在高温熔融状态下才能进行注入、运输和排放作业。沥青罐车的运输温度不超过200℃,为了便于在液体状态下进行排放作业,须采用保温罐体。

常用的沥青罐车有机械排放和气体排放两种。机械排放是利用汽车发动机动力驱动沥青泵,使液态沥青从罐外吸入或从罐内排放出去。气体排放是依靠气体压力迫使罐内液态沥青向外排放。沥青的注入是靠工地上的沥青泵将液态沥青从注液孔注入。

1. 机械排放沥青罐车

机械排放沥青罐车由汽车底盘、罐体、管道排放系统和加热系统组成。为了保持罐内温度的相对稳定,在罐体的外表面包有 30 mm 左右厚的能承受约 350℃ 的玻璃纤维保温层(见图 2-22),这样可使罐内温度在环境温度为 10~15℃ 时,每小时的温度下降值小于 0.5℃。

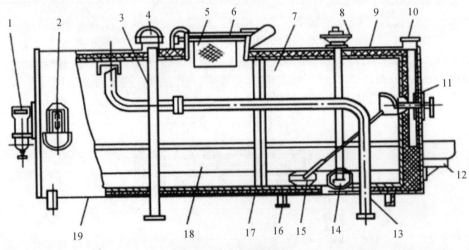

图 2-22 沥青罐构造

1—灭火器; 2—温度计; 3—溢流管; 4—排气盖; 5—滤网; 6—注入孔; 7—罐体;
8—总阀门手轮; 9—玻璃纤维; 10—排烟口; 11—刻度盘; 12—固定喷灯; 13—注液管;
14—总阀门; 15—浮标; 16—支脚; 17—防波板; 18—加热火管; 19—外包皮

沥青在常温下呈固态或半固态,经加热呈液态的沥青装入罐内后,虽然罐体有保温层,但在罐存放时间较长或气温较低时,则罐内沥青温度降低,并从液态凝成固态,导致沥青罐车无法工作。因此,沥青罐车应有加热系统,以保证其正常工作。图 2-23 所示为采用煤油作为燃料的加热系统。

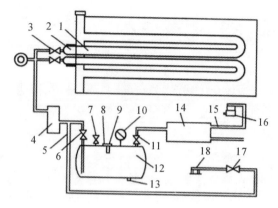

图2-23 沥青罐车加热系统
1—火管； 2—固定式喷灯； 3—喷灯开关； 4—燃油滤清器； 5—手提式喷灯软管； 6—输油开关；
7—放气开关； 8—加油口； 9—滤网； 10—气压表； 11—进气开关； 12—燃油箱； 13—放油塞；
14—制动系储气筒； 15—空气管道； 16—空压机； 17—手提式喷灯开关； 18—手提式喷灯

2. 气压排放沥青罐车

气压排放沥青罐车的罐体外设有隔热装置，罐体无自吸能力，沥青注入是用地面沥青泵压入的，由汽车上的气压排放系统排出。

气压排放沥青罐车具有注液和排液两种功能。图2-24所示为气压排液系统图，其工作过程如下。

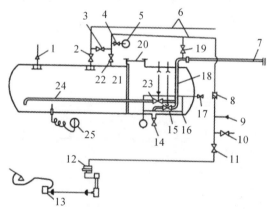

图2-24 沥青罐车气压排液系统图
1、10—安全阀； 2、4、11、17、22—直通式截止阀； 3、19—闸阀； 5—气压表； 6—空气管道；
7—排液橡胶软管； 8—单阀旋启式止回阀； 9—外接压缩空气接头； 12—空气压缩机；
13—取力器； 14—直通式旋塞阀； 15、23—杆式闸阀； 16—蒸汽加热管； 18—后部排液管；
20—出入孔盖； 21—液面计； 24—前部排液管； 25—温度表

在注液过程中，开启直通式截止阀2，使罐内与大气相通，随后打开出入孔盖20，将排液橡胶软管7与工地上的接收管道连接，这时关闭空气管道6，开启直通式截止阀22，并驱动空气压缩机，压缩空气便逐渐充入罐内。当罐内气压升高到98 kPa时，开启杆式闸阀15及23，罐内液态沥青便经排液管 18、24 排出。排液结束时,先关闭杆式闸阀 23,通过杆式闸阀 15 排放管内余液。

2.2.3 其他液罐汽车简介

1.化工液罐汽车

化工液罐汽车主要装运液体化工物品,如硫酸、盐酸、硝酸、冰醋酸液碱、氨水、次氯酸钠、甲醛、苯、甲醇、乙醇、酒精和液体化肥等。这类物品均属化工危险品,具有不同程度的易燃、易爆、有毒或强腐蚀等特性。

(1)硫酸液罐汽车。纯浓硫酸是一种不易挥发、无色、油状液体,具有强氧化性、吸水性及强酸性,属剧毒和强腐蚀性物品。硫酸液罐汽车一般装运浓硫酸,不宜装运稀硫酸。常用浓硫酸的浓度为 98%,密度为 1 840 kg/m³,沸点为 338℃。硫酸液罐汽车有重力排放和动力排放两种。

1)重力排放硫酸液罐汽车。重力排放硫酸液罐汽车基本结构与运油汽车相似。罐体上部的人孔盖上有注液口和呼吸阀,罐内有防波板,罐体尾部有排液管和放液阀。排液时打开放液阀,硫酸靠自重流出。

2)动力排放硫酸液罐汽车。动力排放硫酸液罐汽车大多采用气压排液方式(见图 2-25)。罐体横截面为圆形,中间用球面形隔板分为前、后两舱。罐内设有纵向防波板,罐体上部设有防护架。前、后舱内的前端均有一根垂直的排液导管,其下端伸至罐底的凹槽处,以减少剩余量,其上端与放液阀相连通。

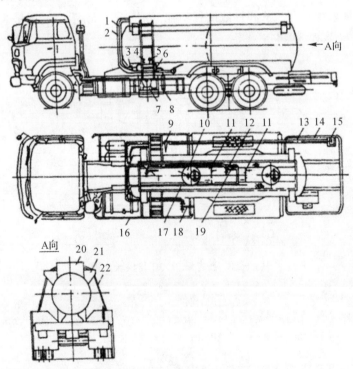

图 2-25 气压排放硫酸液罐汽车

1—空气软管; 2—排液管; 3—直通截止阀; 4—安全阀; 5—压力表; 6—贮气筒; 7—空气压缩机;
8—油水分离器; 9、11、12、18、19—浮动球阀; 10—人孔及注液装置; 13—排液橡胶软管;
14、16—防护栏; 15—集油槽; 17、20—防护架; 21—侧向防护架; 22—扶梯气压排液系统如图 2-26 所示,压缩空气从压缩机排出,经油水分离器 4、贮气筒 9、空气软管 11、卧式升降止回阀 13 后分两路到达前、后舱。排液时,硫酸经浮动球阀 15、16,排液管 32 和浮动球阀 29、31,从排液软管排出。注液时,只需打开浮动球阀 21、23,使前、后舱与大气相通再将输液软管插入注液孔 19、25 即可。开启或关闭不同的阀门,可进行不同的作业。该车可以双舱同时排液,也可单舱分别排液。

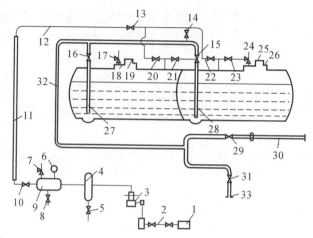

图 2-26 气压排液系统

1—取力器; 2—传动轴; 3—空气压缩机; 4—油水分离器; 5、8、10—直通截止阀; 6—气压表; 7—安全阀; 9—贮气筒; 11—空气软管; 12—空气道管; 13—卧式升降止回阀; 14、15、16、20、21、22、23、29、31—浮动球阀; 17、24—呼吸阀; 18、26—人孔; 19、25—注液孔; 27、28—排液导管; 30、33—排液橡胶软管; 32—排液管

气压排液系统的主要部件介绍如下。

A. 油水分离器用来分离压缩空气中凝聚的水分和机油等杂质,使其净化。

B. 贮气筒是贮存空压机排出的压缩空气,以提高输气的连续性和压力稳定性。

C. 浮动球阀(见图 2-27)在气压排液系统中常被采用。这种阀的球体在介质通过时,能在介质压力作用下向出口端产生少量位移,压紧密封圈,提高密封性。但不能承受较大的压力。在系统的空气管道中多用公称通径为 25 mm 的球阀,排液管道中多用公称通径为 65 mm 的球阀。

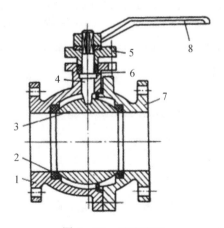

图 2-27 浮动球阀

1—左阀体; 2—密封圈; 3—球体; 4—阀杆; 5—压盖; 6—填料; 7—右阀体; 8—手柄

卧式升降止回阀(见图2-28)串联安装在罐体上部的水平空气管道中,依靠阀芯自重及空气压力自动开、闭,以阻止压缩空气倒流,保证罐内气压在规定值下顺利排液。

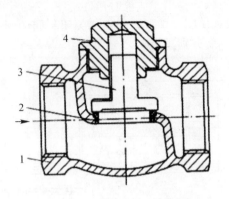

图 2-28 卧式升降止回阀
1—阀体; 2—阀座; 3—阀门; 4—溢帽

弹簧式安全阀通常安装在贮气筒上,当贮气筒内的空气压力超过规定值时,调压弹簧被压缩而阀门开启,压缩空气从阀体侧面的螺孔泄出,至压力降为正常值时阀门重新关闭。安全阀的瞬时开启压力为 0.191 MPa,全开压力为 0.245 MPa,关闭压力为 0.177 MPa,公称通径为 25 mm,流量为 300 m³/h。

(2)盐酸液罐汽车。纯盐酸是无色液体,有刺激性气味。常用的浓盐酸约含 37% 的氯化氢,密度为 1 190 kg/m³。工业用浓盐酸常因含有杂质而呈黄色。盐酸属剧毒和腐蚀性危险物品。一般碳钢(包括不锈钢)和铝合金都不耐盐酸的腐蚀,故常用有钢制衬胶的罐体和玻璃钢罐体两种。

排液方式有重力排液和气压排液。玻璃钢罐体具有耐腐蚀性好、质量轻、修理方便等优点。但强度较低,承受内压较小,常在罐体外用钢制环箍加强,排液方式也采用重力排液。玻璃钢罐体如图 2-29 所示。图 2-30 所示为蜂窝型玻璃钢罐体部分放大结构,其罐体横截面为椭圆形,外包皮 2 和内包皮 3 均为厚度较小的聚酯玻璃钢,中间夹层蜂窝芯板 1 用六边形的孔状玻璃纤维布胶合而成,封头 5 用厚度较大的聚酯玻璃钢制成。为防止排液时罐内出现局部真空,在人孔盖上应装单向透气阀(见图 2-31)。当罐内盐酸减少出现真空度时,因阀盖 2 上的小孔能与大气相通,故阀塞 6 在大气压力作用下压缩弹簧 7,透气阀打开,罐内压力上升,直至与大气压平衡时透气阀再关闭。

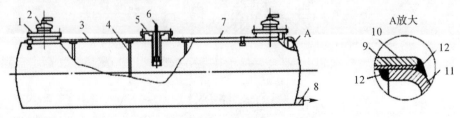

图 2-29 玻璃钢罐体
1—人孔; 2—注液孔; 3—罐体; 4—防波板; 5—液位计盖; 6—液位计;
7—扶手; 8—放液孔; 9—衬里; 10—罐壁; 11—封头; 12—聚酯胶泥

第2章 罐式车辆

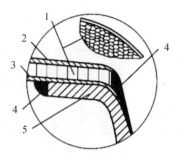

图 2-30 蜂窝型玻璃钢罐体局部结构
1—蜂窝芯板； 2—外包皮； 3—内包皮； 4—聚酯胶泥； 5—封头

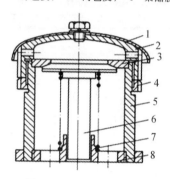

图 2-31 单向透气阀
1—防尘罩； 2—阀盖； 3—座圈； 4—锁紧螺母； 5—阀体； 6—阀塞； 7—弹簧； 8—弹簧座

采用气压排放的盐酸液罐汽车要用横截面为圆形的钢制衬胶罐体,内表面有 5 m 厚的天然橡胶衬里,在汽车底盘上安装成前高后低的倾斜状态。图 2-32 所示为气压排放系统图,图 2-33 所示为气压排放的罐体结构图。

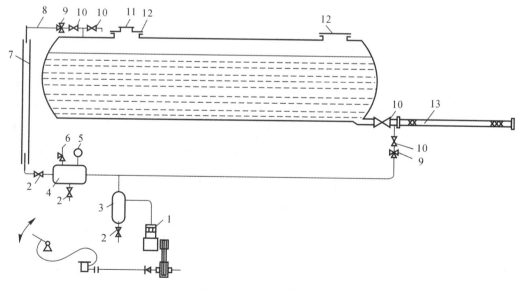

图 2-32 气压排放系统
1—空气压缩机； 2—直通式截止阀； 3—油水分离器； 4—贮气筒； 5—气压表； 6—安全阀； 7—空气软管；
8—空气管道； 9—旋启式止回阀； 10—屋脊式隔膜阀； 11—注液孔； 12—人孔； 13—排液橡胶软管

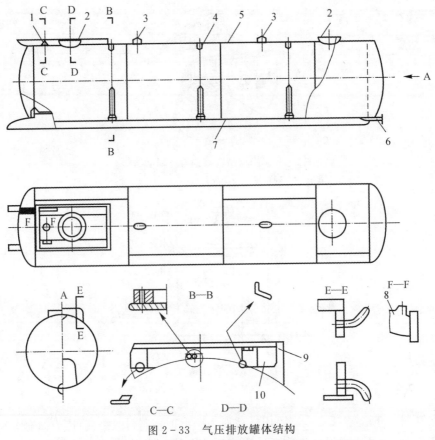

图 2-33 气压排放罐体结构

1—进气接头； 2—人孔； 3—吊环； 4—防液板； 5—罐体；
6—排液管； 7—副车架； 8—泄水管； 9—防护架； 10—支架

屋脊式隔膜阀是气压排放系统中的主要部件,如图 2-34 所示。阀体 1 的内表面和端面均敷以天然橡胶衬里,隔膜 9 也用天然橡胶制成,在盐酸通过阀门时只与橡胶接触而不与其他零件接触,可防腐蚀。旋转手轮 4 可实现阀的开启和关闭。

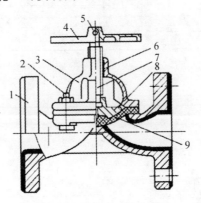

图 2-34 屋脊式隔膜阀

1—阀体； 2—螺栓； 3—阀盖； 4—手轮； 5—定位销； 6—阀杆套； 7—阀杆； 8—压板； 9—隔膜

图 2-35 所示为旋启式止回阀。当盐酸从左侧入口进入阀腔时,流动压力将阀门 7 推开而通流;当盐酸从右侧出口反向流动时,反向流动压力将阀门 7 压紧在阀体的密封面上,阻止盐酸倒流。为防腐蚀,除密封圈 2、8 和垫圈 16 用乙丙橡胶制造外,其余零件均为聚丙烯制造。

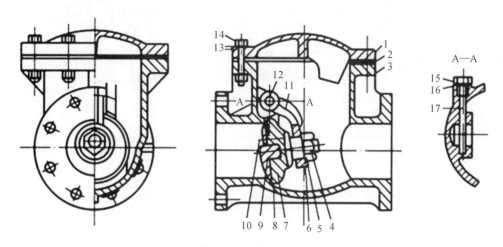

图 2-35 旋启式止回阀
1—阀盖; 2、8—密封圈; 3—阀体; 4—圆柱销; 5—螺母; 6、13、16—垫圈;
7—阀门; 9—压盖; 10—螺栓; 11—摇臂; 12、17—销轴; 14—爆栓及螺母; 15—螺栓

(3)苛性钠液罐汽车。苛性钠液罐汽车只能装运液体苛性钠(45%水溶液),不准装运其他液体物品。苛性钠无臭无色(有时带灰色),密度为 1 480 kg/m³(15℃)时,沸点为 136~137℃(在 0.101 MPa 的压力下),凝固点为 9℃,有强烈腐蚀性,属于剧毒和腐蚀性物品。

苛性钠液罐汽车也可重力排放或气压排放。采用气压排放时,由于苛性钠溶液的凝固点较高,冬季使用时容易冻结,造成气压排放困难。通常采取的防冻排放措施如下:①在罐体外包隔热层;②对罐体、管道和阀门进行蒸汽加热,待苛性钠溶解后再进行排放。特别要注意,加热时应将所有阀门关闭,不得使蒸汽进入阀门或管道,以免发生危险。

2. 食品液罐汽车

食品液罐汽车是装有铝质或不锈钢罐体及吸、排料系统,具有吸入、压出、搅拌物质等功能,用于运输酒类、乳类和饮料等液体食品的专用罐式车辆。食品液罐汽车必须符合食品卫生法的规定要求。

图 2-36 所示为食用油罐汽车外形图,主要由汽车底盘、油罐总成、废气加热装置和油路系统等组成。罐体为双层保温罐体,横截面为椭圆形,上部有人孔和注液孔装置 3,人孔盖上装有呼吸阀 5。副车架 1 与罐体 9 焊在一起,用螺栓紧固在汽车车架上。罐体后封头中部装有液位计 8,罐内设有隔板和纵向、横向防波板。

加热装置用来防止食用油在低温运输时凝固,以免造成装卸困难。该车的加热装置是利用汽车发动机排放的废气余热加热油液的。图 2-37 所示为废气加热装置示意图,需要加热时,打开上控制阀 2,关闭下控制阀 1,发动机排出的废气经上控制阀 2、前扩张室 3、插管 4(呈三角排列)对罐体进行加热,然后废气经后扩张室 8 排入大气。不加热时,关闭上控制阀 2,开启下控制阀 1,发动机排出的废气经排气管、消声器 11 直接排入大气。为防止废气的腐蚀,插管 4 和前、后扩张室 3、8 均采用不锈钢制造,并且每年至少要清除一次插管内的积碳。

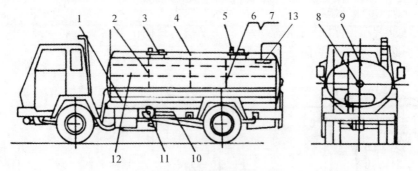

图 2-36 食用油罐汽车

1—副车架；2、6、7—隔板；3—人孔和注液孔装置；4—防护栏；5—呼吸阀；8—液位计；
9—罐体；10—滤油器；11—四通球阀；12—纵向防波板；13—加热装置

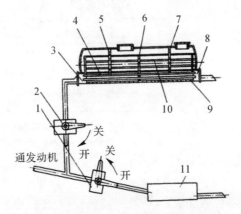

图 2-37 废气加热装置示意图

1—下控制阀；2—上控制阀；3—前扩张室；4—插管；5—前隔板；6—中隔板；
7—后隔板；8—后扩张室；9—罐体；10—防波板；11—消声器

排料系统由油泵、四通球阀、流量计、总阀和连接管路组成,其工作原理如图 2-38 所示。油泵采用低压、大流量齿轮泵,泵体带有锥形回流差动式安全阀,具有输油均匀、压力稳定等优点。油泵由发动机驱动,四通球阀采用的是 YG4F 型四通球阀,可实现油液的吸入、排放、自流及关闭等 4 个功能。

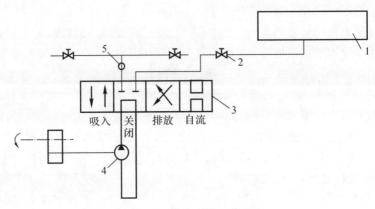

图 2-38 排料系统工作原理

1—罐体；2—总阀；3—四通球阀；4—油泵；5—流量计

2.3 液化气罐车

2.3.1 液化气罐车的用途及分类

1. 液化气罐车的用途

液化气是指在常温常压下的某种气体经加压或降温处理后成为液体的物质。在液化气压力降低或温度升高后仍能恢复成气体。常用液化气的物理化学性质见表2-2。

表2-2 常用液化气的理化性质数据

名 称	氮	氧	氩	二氧化碳	氯	氨	乙 烯	丙 烯
分子式	N_2	O_2	Ar	CO_2	Cl_2	NH_3	C_2H_4	C_2H_6
相对分子质量	28.01	32.00	39.95	44	71	17	28	42
气态密度 /(g·L^{-1})	1.250 6	1.429	1.784	1.977	3.214	0.771	1.26	1.87
熔点/℃	−209.9	−218.4	−189.2	−56.6	−102	−77.7	−169.4	185.2
沸点/℃	−195.8	−183	−185.7	−78.5（升华）	−34.5	−33.5	−103.9	−47.7
爆炸极限	—	—	—	—	—	—	3～29	2～11
临界温度/℃	−145.9	−119.6	−122.44	31.04	144	132.4	9.90	91.4～92.3
临界压力/MPa	3.283	4.871	4.704	7.144	7.458	10.996	4.969	4.41～4.47
液态密度 /(g·L^{-1})	0.808	—	—	1.101（−37℃）	—	—	0.570	0.514
燃烧值 /(kg·mol^{-1})	—	—	—	—	—	—	1 411.9	2 052.4

近年来，液化气罐车的使用领域不断扩大，品种也越来越多，如液化石油气罐车、液氧罐车以及液氮、液氩、液氯、液氨等罐式车辆。由于液化气对压力、温度的影响很敏感，所以很不稳定。有些液化气还是易燃、易爆、有毒物质。故在设计和制造液化气罐车时，必须符合GB 150—1998《钢制压力容器》及国家劳动部门和交通管理部门的有关标准、法规和规范的要求，严格控制产品质量，设置必要的安全和消防装置，保证使用安全。液化石油气罐车是液化气罐车中应用较多的一种，主要用来装运丙烷、混合液化石油气等液化气体。

2. 液化气罐车的类型

液化石油气罐车有单车、半挂车和全挂车之分。液化气罐体分承载式和半承载式。普通液化石油气罐车一般都是在其基本车型的基础上改装而成的，如图2-39所示。

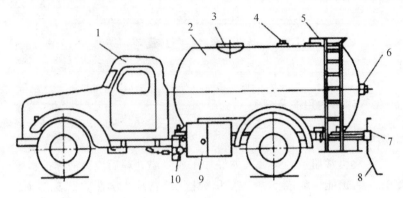

图 2-39 液压石油罐车
1—汽车底盘；2—罐体；3—人孔；4—溢流阀；5—扶梯及平台；
6—液位指示器接管；7—后保险杠；8—接地链；9—管路操作室；10—泵

2.3.2 液化石油气罐车总体结构

用普通载货汽车底盘改装的液化石油气罐车，罐体总成与副车架焊成一体，再用螺栓将副车架紧固在汽车车架上。图 2-40 所示为半挂式液化石油气罐车，该车为半挂承载式结构，罐体支撑座与车架之间用螺栓紧固连接。

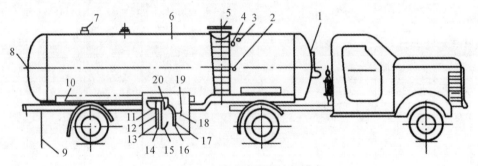

图 2-40 半挂式液化石油气罐车
1—压力表；2—全容积40%指示阀；3—全容积85%指示阀；4—全容积80%指示阀；5—出入孔；6—罐体；
7—安全阀；8—液位计；9—接地链；10—紧急切断卸压阀；11—紧急切断阀；12—球阀；13,17—排放阀；
14—液相接口；15—液泵；16—气相接口；18—截止阀；19—压力表；20—温度计

液化石油气罐体一般采用 Q345 普通低合金钢板焊接而成。检修时应进行探伤检查，特别是要检查应力集中的地方及焊缝。经焊修后的罐体必须消除内应力，并按规定进行水压试验。在试验过程中，罐体不得有显著变形、不均匀膨胀及渗漏等现象。

罐体主要由圆筒体、封头、防波板（大型罐体还有隔板）、人孔和整体式支承座等组成。在罐体上还设有安全阀座、液位计和紧急切断阀座等辅助安装座。图 2-41(a)所示为液化石油气罐体示意图。它是液化石油气罐车的重要组成部分。为了降低材料消耗，保证罐体具有足够的强度和刚度，必须采用各方面受力均匀的圆形截面或球形罐体。

对于装运低温物质或有特殊要求的液化气罐，还必须采取隔热保温措施，防止因超温、超压而发生事故。常采用的措施有以下三种：①隔热层，在罐体外表层敷设隔热保温材料（如泡沫塑料、玻璃棉、岩棉及聚氨酯等),在其外壳上又包有蒙皮,这种隔热保温方式用途广泛,价格较低,质量也较轻,常用于装运液化乙烯、液化二氧化碳等的罐车;②真空夹层,如图2-41(b)所示,在液化气罐的外面再加一层罐体,两层罐体之间填充干燥剂和保温材料,并抽成真空,它具有良好的隔热效果,是装运液氧、液氢等低温介质的理想罐体;③遮阳板,如图2-42所示,它是在罐体的顶部装设防止阳光曝晒的遮阳板,遮阳板与罐体相隔一定距离,形成前后相通的夹层,罐车行驶时,利用流动气流散热,遮阳板采用反光较强的白色,以降低吸热量,这种结构多用于液化石油气罐车。

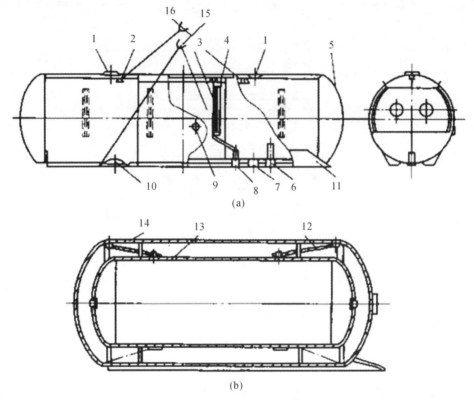

图2-41 液化石油气罐体
(a)液化石油气罐体示意图; (b)液化石油气罐体的真空夹层
1—溢流阀凸缘; 2—吊耳; 3—气相管; 4—防波板; 5—液位警报器凸缘; 6—温度计接口;
7—液相紧急切断阀口; 8—气相紧急切断阀口; 9—液位计凸缘; 10—人孔; 11—整体罐座;
12—吊环; 13—内套管; 14—外套罐; 15—满罐吊位; 16—空罐吊位

图2-42 带遮阳板的液化石油气罐车

防波板上开有若干个阻尼孔,如图 2-43 所示,以进一步增大其阻疤作用。防波板结构分为整体式和组合式。现在大都用螺栓将防波板紧固在预先焊接在罐体内壁上的角钢上。这样,可以避免因防波板直接焊接在罐体上所产生的应力集中,特别是当罐体承受较大的气体压力时,使罐体受力均匀,且便于装配与维修。与液罐车一样,液化气罐车罐体的底部也设有沉淀槽。沉淀槽的形式有平底形、椭圆形、蝶形或球形等。当人孔布置在罐底时,常把沉淀槽和人孔作成一体,使结构更加简单;人孔设在罐体的底部也便于出入,维修方便,清洗彻底。

液化气在常温常压下极不稳定,在储运或使用过程中,液化气会随温度的升高而导致罐体内压力升高,可能会造成罐体的破裂或爆炸。因此,液化气绝对不允许充满罐体,应保留一部分气相空间。

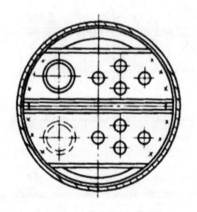

图 2-43　带阻尼孔的防波板

2.3.3　液化石油气罐车管道系统

1. 管道系统组成和设计要求

液化石油气罐车在装卸作业中必须保证安全,工作可靠并且具有多种功能。为此,在管道系统中一般设有安全装置(安全阀、紧急切断阀、气相管)、监测仪表(压力表、流量计)、动力源(液泵)、操纵装置(各类阀、手动液压泵)以及连接胶管、快速接头、过滤器等。

管道系统应具有自泵装卸、泵站作用、他泵装卸、压差装卸和自流装卸等功能。图 2-44 所示为典型管道系统原理图。通过操纵不同的阀门可实现罐车的各种功能。

(1) 自泵装卸。操作手动泵,打开紧急切断阀再打开阀 2、5,其余阀关闭,实现经流量计计量装液;若只打开阀 1、4,其余阀关闭,实现经流量计计量放液。

(2) 泵站倒罐。操作手动泵,打开紧急切断阀,打开阀 2、3,其余阀关闭,则不经计量,液体也不经本车罐体进行倒罐;打开阀 2、4,其余阀关闭,可经流量计进行倒罐。

(3) 他泵或自流装卸。操作手动泵,打开紧急切断阀,打开阀 1、2 或 4、5,其余阀关闭,则不经流量计进行他泵或自流装卸;若打开阀 3、5,其余阀关闭,则经流量计进行他泵或自流装卸。

液化石油气罐车的管道系统与普通液罐汽车不一样,结构也较复杂。

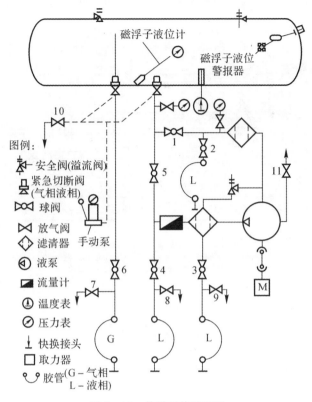

图 2-44 管道系统原理图

1—进泵阀； 2—进罐阀； 3—直排阀； 4—过流阀； 5—自流阀； 6—气相阀；
7—排气阀； 8、9—泄压阀； 10—切断阀； 11—排气阀(紧急用)

2. 管道系统主要部件

(1) 紧急切断装置。紧急切断装置是液化石油气罐车的主要安全装置之一，由液相和气相紧急切断阀、手油泵、放油泵、易熔塞和管道等组成。其作用如下：①关闭阀门，切断罐体与管道的通路，避免行驶中渗漏或意外排液；②阀开启后，若排液流速达到 7.6 m/s 或发生意外事故，可自动关闭，待流速恢复正常后又能打开阀门；③当环境温度超过 70℃±5℃ 或失火时，紧急切断阀的易熔塞熔化，油压控制系统卸压，自动关闭阀门；④遇到紧急情况，又难以接近操纵箱中的手油泵时，可遥控汽车尾部的放油阀排油，关闭紧急切断阀，能保证在 5 s 内同时关闭液相和气相阀。

紧急切断阀装在罐体底部与装卸管道的相连处(见图 2-44)，其外形和结构如图 2-45 所示。紧急切断阀平时处于关闭状态，装卸作业时，通过手油泵将压力油压入油缸 10，推动活塞顶杆 11 左移，克服回位弹簧 14 的张力，使摇臂 1 转动，将阀杆 9 向上推动，使过流阀 5 上移，紧急切断阀即打开。当装卸完毕或管道系统泄漏需紧急切断液相管和气相管时，可操纵液压控制系统，使油缸卸压，在回位弹簧的作用下，摇臂逆时针方向转动，过流阀在大、小弹簧 8、3 的张力作用下回位，紧急切断阀关闭。液压控制系统卸压通常采用以下方法：①将手动液压泵手柄放在卸荷位置；②通过罐体尾部放油阀卸压；③高温下易熔合金塞 13 熔化，压力油卸压。

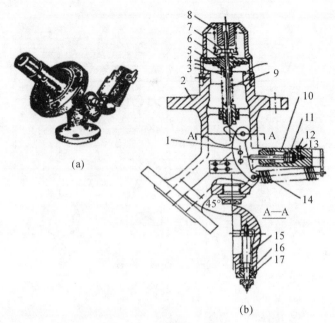

图 2-45 紧急切断阀
(a)外形图； (b)结构图

1—摇臂；2—圆体；3—小弹簧；4—大密封圈；5—过流阀；6—小密封；
7—先导阀；8—大弹簧；9—阀杆；10—油缸；11—活塞顶杆；12—易熔塞；
13—易熔合金塞；14—回位弹簧；15—轴；16—轴套；17—O 形密封圈

手动液压泵如图 2-46 所示。将卸荷手柄 8 放于图中的工作位置，摆动加压手柄 2 使柱塞 12 往复运动，将液压缸 7 中的液压油或刹车油泵入紧急切断阀，这时紧急切断阀开启；将卸荷手柄放于卸荷位置时，自动卸压，紧急切断阀关闭。手动液压泵的正常使用的压力为 4～6 MPa。

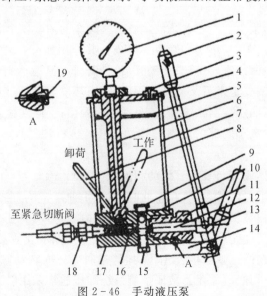

图 2-46 手动液压泵

1—压力表；2—加压手柄；3—放气塞；4—上压；5—挡板；6—拉杆；
7—液压缸；8—卸荷手柄；9—过滤器；10—底座；11—柱塞套；12—柱塞；
13—销轴；14—支板；15—螺钉；16—球阀；17—弹簧；18—接头；19—易熔螺塞

(2)安全阀。安全阀用来保护管路和管路部件,与液泵并联。图2-47所示为安全阀结构图。阀芯2在弹簧3的作用下处于常闭状态,当管路至紧急切道阀通道中液体压力超过弹簧3的张力时,阀芯开启,使高压液流回到低压管道中。阀芯的开启压力可通过调节螺母4对弹簧3的预紧力进行调节。

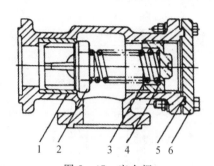

图2-47 安全阀

1—阀体; 2—阀芯; 3—弹簧; 4—调节螺母; 5—密封垫; 6—阀盖

(3)温度计。温度计用来测量液相温度,应选用压力表式温度计,量程应比液化石油气最高温度高25%,通常为-40~+60℃,并在40℃和50℃区域涂以红色标记。为了维修更换方便,受感器应插入与罐体相隔绝的套管内,如图2-48所示。

压力表的量程也应以比最大压力大25%为宜,一般取0~3.92 MPa,精度不低于2级(2%)。在压力表之前应装有控制开关。

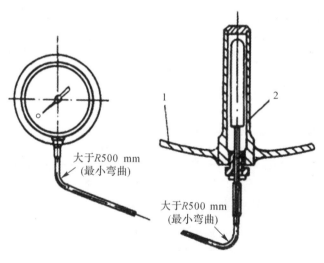

图2-48 温度计的安装

1—罐体; 2—隔离罩

(4)液相管和气相管。液相管即排液管,其口径根据液泵的出入口径决定,要求流速不超过5 m/s。由于装卸作业完毕后,阀门关闭,液化石油气被封闭在液相管道系统内,形成没有气相空间的密闭容器,这是不允许的。因此,当设计液相管道时,必须考虑能将管道中的余液抽回到罐内或排放到其他容器中,也可设置旁路安全阀。

气相管是液化石油气罐车管道系统所特有的,它在密闭装卸中连通汽车罐体与接收(或放液)容器的气相空间,使两者的压力、温度达到新的平衡,实现正常装卸作业。气相管内径一般采用 25 mm 接口,位置可在罐体的侧面(或后封头)操作箱部位,从而减少气相管长度,使回路简短,布置紧凑。

(5)快装接头和软管。快装接头的结构如图 2-49 所示,插口 4 的罐孔端与罐体的输液管端部相接,用盖帽 2 盖紧。装卸作业时,取下盖帽,与地面上的输液管相接就可进行作业。高压标准软管为钢丝编织耐油胶管,两端都装有快装接头,一端与罐体上的输油管连接,另一端与地面上的输油管连接。

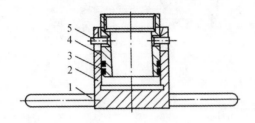

图 2-49 快装接头
1—手柄; 2—盖帽; 3—O 形橡胶密封圈; 4—插口; 5—销钉

(6)流量计。流量计必须选择容积式流量计,如椭圆齿轮流量计、滑片流量计或双转子流量计等。其量程应与泵的额定流量相匹配(经常使用的流量计误差最小复现区段应在流量计误差曲线范围内)。为提高流量计的精确度,在流量计入口前应有一段长而直的管道,并装有过滤器、气液分离器和压差计等,不允许混入气体和超计量工作。

(7)液化石油气液泵的选择。对液泵有以下要求。

1)泵送液化石油气时,不产生气化,气蚀小。在有气相平衡条件下,吸上压力为正时,能正常抽送具有高气化弹性的液体(液化气);在无气相平衡条件时,能对气瓶灌气。

2)运转平稳,流量均匀,脉动小。

3)密封性好,耐腐蚀,使用寿命长。

4)零部件互换性好,便于维修。

5)体积小,造价低。

根据整车性能要求选择液化气液泵的流量、压力、功率和转速等主要参数,按装卸速度要求,确定泵的流量。按规定,泵的入口流速为 2~3 m/s,出口流速不超过 5 m/s,即可算出泵的进出口口径。在流量、口径选定后,其他参数也可随之确定了,但泵的类型必须是容积式。

2.4 粉 罐 车

2.4.1 粉罐车的用途及分类

粉罐车是指装运水泥、煤粉、石粉、面粉和化学粉粒等散装粉料的专用车辆。按罐体与车架的连接形式,可分为固定罐体(立罐、平卧罐、斜卸罐和斗式粉槽等)和举升罐体两大类;按粉罐车的卸料方式,可分为重力卸料、机械卸料、气力卸料等不同种类;按粉罐车装运的主要物品,可分为水泥、煤粉、电石粉和面粉等罐车。通常按粉罐车装运的主要物品和卸粉方式命名,如重力卸料散装水泥车、气卸散装水泥车、气卸散装煤粉车和气卸散装化学粉粒车等。

粉料的散装运输是指粉料从出厂、运输、储存到使用，不用纸袋等包装，直接通过专用车辆、火车、船舶和集装箱等专用运输工具来运输。这种运输方式以其显著的社会效益和经济效益，赢得了世界上经济发达国家的青睐。

下面以应用最广泛的散装水泥运输来说明散装运输的优越性。

(1) 提高生产效率，改善劳动条件。袋装水泥的装卸劳动强度大，机械化程度低，车辆等待装卸的时间长，生产效率低。

(2) 不需包装材料，节约包装费用。散装水泥运输不需纸袋等包装材料，每吨散装水泥比袋装水泥可节约 6 kg 包装纸及相应的辅助材料，同时也节约了包装时间、人工费用及能源消耗，每吨水泥的包装费用约占销售价格的 1/6。

(3) 降低水泥损耗，避免环境污染。由于纸袋的破损和纸袋内的残留，造成的袋装水泥损耗达 5% 以上。而散装水泥因装卸、储运采用密封、无尘机械化作业，水泥消耗仅在 0.5% 以下。另外，袋装水泥在装卸、储运场地还会造成粉尘弥漫、污染环境。

(4) 确保水泥质量，延长储存周期。散装水泥在运输、储存过程中均采用专用容器，不易受潮，储存 1 年也很少变质。袋装水泥在工棚内堆存 3 个月后，强度将降低 15%～20%。

经济发达国家的水泥散装率早就达到 90% 以上，而我国水泥散装率虽然由 2005 年的 36.61% 提高到 2011 年的 51.78%，但是仍与国民经济的发展不相适应。大力发展散装水泥是节约能源、保护环境的必然要求，这必将推动散装水泥运输车辆的发展。

2.4.2 气卸粉罐车组成及卸料原理

1. 气卸粉罐车的组成形式

气卸粉罐车主要由汽车底盘、罐体总成、动力输出装置、气源系统、气路及其控制系统等组成。气卸粉罐车也有粉罐车(见图 2-50)、半挂粉罐车(见图 2-51)、全挂粉罐车之分。半挂粉罐车除牵引汽车和半挂车底盘以外，其余各专用部分与单车基本相同；全挂粉罐车一般不设气源系统，其罐体上设有外接气源装置，在主车(单车或半挂车)卸料结束后，可将主车气源系统的压缩空气引至全挂车的外接气源装置上，利用主车的气源系统进行卸料作业。

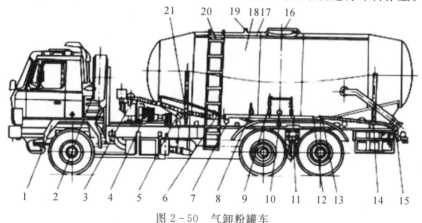

图 2-50 气卸粉罐车

1—汽车底盘； 2—备胎； 3—压缩气源系统； 4—调速装置； 5—转速表； 6—止回阀； 7—外接气源装置；
8—安全阀； 9—进气阀； 10—压力表； 11—进气阀Ⅱ； 12—二次风阀； 13—止回阀； 14—卸压阀Ⅰ；
15—排料蝶阀； 16—进料装置； 17—平台； 18—罐体； 19—盖枕； 20—卸压阀Ⅱ； 21—支撑板

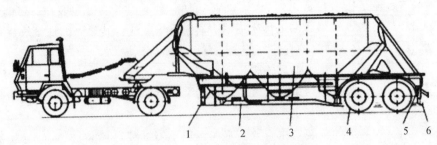

图 2-51 斗式气卸粉罐运输半挂车

1—支承装置； 2—气力输送系统； 3—粉料罐总成； 4—挂车底盘； 5—进气快速接头； 6—卸料快速接头

2. 气力卸料原理

气力卸料粉罐车是使用最广泛的一种散装粉料运输车。它具有较高的卸料速度及送料高度，能适应不同的工作场所的装卸。它的气源主要如下：①利用车载空气压缩机的压缩空气进行吹卸；②利用外接电源进行吹卸；③利用汽车发动机排出的废气进行吹卸。

气力吹卸是向粉料罐体中通入压缩气体，通过罐体内的特殊结构及一定的气流方向使粉料松散并与压缩空气混合。混合后的粉料在压缩空气中是悬浮状态，当打开出料口阀门时，粉料混合气便从罐体流入地面上的储存容器中。在储存容器中设有除尘装置。该装置可将混合气中的空气排出，使粉料积存在储存容器内。

图 2-52 所示为立式罐体的卸料气卸原理示意图。卸料时，压缩空气从罐底的进气口 6 输入，通过多孔板 5 进入罐内，迫使粉料松散并气化，当打开出料阀 4 时，粉料混合气便从出料管 3 排出。

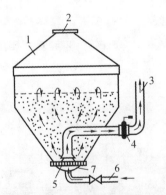

图 2-52 立式罐体气卸原理

1—罐体； 2—料口； 3—出料管； 4—出料阀； 5—多孔板； 6—进气口； 7—气室

图 2-53 所示为卧式罐体的气卸原理示意图。卸料时，压缩空气由罐底部的多孔板 2 均匀地进入罐内，使粉料松散并气化。此时，压缩空气通过粉料充满整个罐体空间，迫使粉料从罐体尾部逐渐地排出，直至罐体内的粉料全部排完为止。

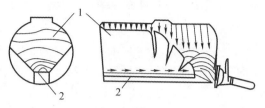

图 2-53　卧式罐体气卸原理
1—水泥；　2—多孔板

在某些大吨位的粉罐车上,将卧式罐体分为几个舱,每个舱都构成一个锥形底部的容器,粉料可以为上卸式,也可以为下卸式。其工作原理都是一样的。

2.4.3　气卸粉罐车部分总成

1. 罐体

气卸粉罐车的罐体均采用圆形截面,图 2-54 所示为卧式罐体构造简图,图 2-55 所示为斗式罐体构造简图。中小型粉罐多采用圆柱形罐体,这种罐体结构简单、制造方便;大中型粉罐一般采用腰鼓形罐体和斗式罐体,该种罐体制造虽然复杂一些,但它有利于粉料的卸料。

罐体是用低碳钢板焊接而成的。在使用过程中若发生破裂可以焊修,焊修后一般要在 0.196～0.294 MPa 的压力下进行水压试验。气卸粉料罐车卸料时的工作压力一般不大于 0.196 MPa。

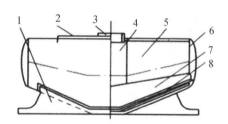

图 2-54　双锥内侧卧式罐体构造简图
1—底架；　2—工作平台；　3—装料口；　4—圆柱桶；
5—锥筒；　6—封头；　7—侧滑料板；　8—流化装置

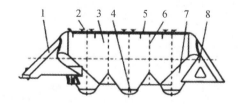

图 2-55　斗式罐体构造简图
1—鞍座支承架；　2—入孔；　3—罐体；　4—蝶形封头；
5—走台；　6—隔舱板；　7—锥筒；　8—后支承架

2. 流化装置

粉料的流态化是使粉料变成具有流体流动特性的过程,流化装置是完成上述过程的必要部件,是完成气卸粉料罐的核心。它能使粉料在气体自下而上的作用下穿过粉料层,使之像沸腾的液体一样,排出罐体。流化装置又称流化床。

(1)流化装置的类型。流化装置分为单一型和复合型两类。单一型的外形有圆形、方形、长方形和Y形等4种。圆形主要用于立罐,方形用于多舱罐,长方形用于倾斜罐,Y形多用于水平卧罐。上述4种形式相互结合,组成复合型流化装置。

(2)流化装置的构造。图2-56所示为圆形流化装置。它由滑板1、气室壳体2、多孔板3、气体分布板4、流化元件6及压盘7等组成。依据出料方式的不同,其可分为上出料式和下出料式。

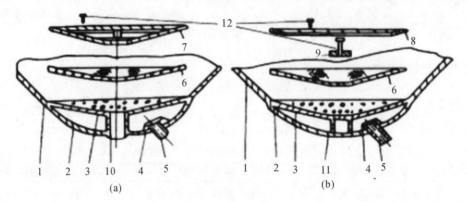

图2-56 圆形流化装置
(a)下出料式; (b)上出料式
1—滑板; 2—气室壳体; 3—多孔板; 4—气体分布板; 5—进气管; 6—流化元件;
7—压盘; 8—压圈; 9—压块; 10—下出料管; 11—撑管; 12—压紧螺栓

滑板1为圆锥体。它既是罐体的一部分,又能起到使粉料下滑集中到流化元件上的作用,以便使粉料流态化。多孔板3也是一个用钢板制成的圆锥体,上面钻有许多通孔,排成蜂窝状。其作用是支承流化元件6,并与气室壳体2构成气室,以便气体均匀地通过。进气管5是压缩气体进入气室的通道,为了避免压缩气体直接冲击流化元件,影响流化效果,在进气管出口端设有气体分布板4。它是一个圆形盒盖,侧面有3~4个通气槽孔,压缩气体通过这些槽孔扩散地进入气室。流化元件6一般采用棉质或化纤帆布制成,用压块9、压圈8或压盘7压紧在多孔板3上。气流穿过流化元件帆布上的编织孔使粉料流态化。

图2-57所示为腰鼓形卧式罐体常用的复合流化装置。它由滑板2、支承架3、多孔板5、流化元件6及压板7等组成。

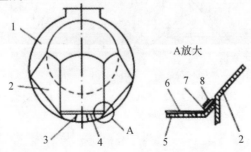

图2-57 复合流化装置
1—罐体; 2—滑板; 3—支承架; 4—流化装置; 5—多孔板; 6—流化元件; 7—压板; 8—螺栓

滑板2与罐体1构成气室壳体,多孔板5置于其上构成气室。滑板2与罐体1的母线平行,多孔板5向罐体的出料口倾斜。流化元件6被压板7压在多孔板上,用螺栓8将压板、流化元件和多孔板三者固定在一起。这样,便形成了长方形的流化装置。

(3)流化元件。流化元件是流化装置的核心,它的作用是使压缩空气通过而形成均匀、细微的气流,又称气体分布板。它对粉料的流态化有极其重要的影响,要求流化元件具有一定的透气阻力,且阻力能随着气流速度的增大而急剧增大;孔隙均匀适宜,布气分散度高,受粉料层厚度影响少;表面光滑平整,易于粉料在其表面流动,透气而不漏料,吸湿性和附着力低;长期使用性能稳定,强度高,耐磨损,耐腐蚀。

常用的流化元件有软、硬两类。软质流化元件的材料有棉织帆布、化纤帆布和毛织物等。多层棉织帆布及帆布夹毛毡曾被广泛地用来制作流化元件。近几年来,涤纶等合成纤维的应用越来越广泛。干燥的棉织帆布透气性很好,但容易受潮,受潮后的棉织帆布流化元件织线膨胀,透气性变坏,影响粉料的流态化。棉织帆布表面粗糙,卸料结束后布层上残留水泥较多。而且棉织帆布流化元件不耐磨,易破损,国外已很少采用。涤纶等化纤织物制成的流化元件韧性和抗拉强度高,表面光滑,且不易受潮,使用寿命长,是一种比较理想的流化元件。

硬质流化元件是用陶瓷、粉末冶金、烧结塑料等制成的。它具有很好的刚性,不需要多孔板支撑,且不易受潮和堵塞,耐磨性好。但它易破碎,制造工艺复杂,价格较高,目前还很少采用。

(4)软质流化元件的压紧。气卸粉罐车的软质流化元件(如帆布)多采用如图2-58所示的压紧方式,即使用螺栓穿过压板及软质流化元件压紧在多孔板上。这种压紧方式的缺点是装配、维修麻烦,使用寿命低。其一,因为多孔板的边缘与支撑板焊接,容易出现焊接变形,所以,其螺纹孔均需在焊接后重新用丝锥加工一遍;其二,软质流化元件所有穿螺栓处都需冲孔,装配时稍有位移,就会造成螺栓与软质流化元件的纤维头绞在一起,给装配带来困难;其三,由于压板与多孔板之间的不平,以及螺栓附近压得紧,远离螺栓处压得松,使流化元件受力不均,造成漏气和早期损坏,影响卸料速度,增加剩料。

为了改善上述压紧方式的不足,有的选用楔块压紧的方式,如图2-58所示。软质流化元件左、右两端的压紧,只需把带有斜面的压紧楔块4用螺栓9顶紧在多孔板7下面的梯形槽弯板5中,软质流化元件8被牢固地挤在左、右两端的梯形槽弯板与压紧楔块之间,并拉紧在多孔板上。流化装置气室的中部和前、后两端再用压板压紧。

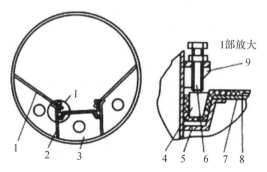

图2-58 楔块压紧方式

1—滑板; 2—支撑板; 3—横支撑; 4—压紧楔块; 5—梯形槽弯板;
6—压紧螺栓; 7—多孔板; 8—流化元件(帆布); 9—螺栓

这种流化元件的压紧方式比螺栓压板的压紧方式拆装方便,密封性强,不漏气,且提高了卸料速度,减少了粉料剩余量,延长了流化元件的使用寿命。

3. 装料口

粉罐车上的装料口有两个作用:一是装粉料入罐;二是维修时作为人孔。装料口的直径大都在 400~500 mm 之间。

如图 2-59 所示为普通装料口。装料口盖 4 通过销子 3 与压杆 6 连接在一起,松开手轮 1 即可打开装料口盖;把手轮及丝杠 2 扳至压杆左边的开口处,旋紧手轮,通过压杆和销子将装料口盖及密封圈压紧在装料口座上,装料口被密封。这种装料口结构简单,维修方便,使用寿命长。

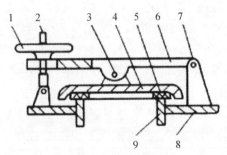

图 2-59 普通装料口

1—手轮; 2—丝杠; 3,7—销子; 4—装料口盖; 5—密封圈; 6—压杆; 8—罐体; 9—装料口座

图 2-60 所示为自封式装料口。装料口盖的承压面为球面板,装料口盖关闭后,球面板 1 便与唇状密封圈 4 贴合。当气压卸料系统工作时,唇状密封圈在罐内压缩空气的作用下,进一步紧压在球面板上,形成可靠的环形密封带。在装料口座 5 与球面板所形成的楔形及密封圈唇边的综合作用下,罐内的气压越高,装料口盖的密封性越好。一般情况下,只要罐内的气压达到 49 kPa 即可实现可靠的密封。

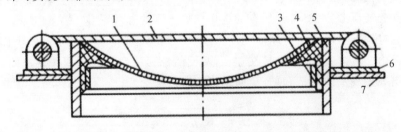

图 2-60 自封式装料口

1—球面板; 2—顶板; 3—压圈; 4—唇状密封圈; 5—装料口座; 6—加强圈; 7—罐体

4. 卸料口

卸料口是粉罐车的卸出装置。图 2-61 所示为卧式罐体尾部卸料口的结构简图,当罐内气压升到规定值时,操纵卸料口手柄 3,使阀门打开,罐内的流态化粉料便从卸料口排出。由进气口 1 进入罐体尾部的空气可使粉料得到进一步流态化。从进气口 2 进入卸料口的空气称为二次空气。它的作用是提高输出流态化粉料的速度。在卸料过程中,可以根据输送粉料的距离及高度调节进入卸料口的压缩空气量。进入卸料口的空气量越大,流态化粉料的质最分

数越小,输送距离越远,高度越高。

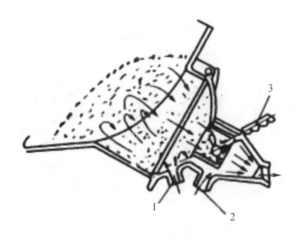

图 2-61 卸料口结构
1、2—进气口; 3—手柄

5. 空气压缩机

气卸粉罐车常用的空气压缩机有叶片式和摆动式两种。空气压缩机由动力输出装置驱动,向粉罐内输送具有一定压力的纯净压缩空气。

图 2-62 所示为叶片式(或称旋转式、滑片式)空气压缩机的构造简图。空气压缩机的气缸为圆柱形,气缸内装有与气缸偏心的转子,转子上开有若干个径向槽,槽内装有叶片 5。当转子带动叶片高速旋转时,叶片在离心力的作用下,沿径向槽甩出并紧压在气缸的内壁上。由于转子与气缸偏心距的存在,使叶片在整个圆周上与气缸内壁形成的容积发生变化,从而将经过滤清的空气自进气口 4 吸进,由排气口 1 排出。随着转子的不断旋转,被压缩的空气就连续排出。由空气压缩机排出的压缩空气需经油水分离器过滤后才能送入罐体内。

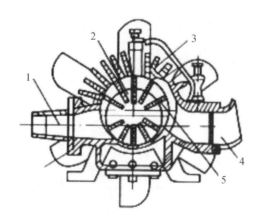

图 2-62 叶片式空气压缩机
1—排气口; 2—转子; 3—机壳; 4—进气口; 5—叶片

图 2-63 所示为摆动式空气压缩机的构造简图。它是一种单缸摆动式风冷空气压缩机。

当动力输出装置驱动空气压缩机曲轴 2 旋转时,通过连杆 3 使空气压缩机的转子 4 往复摆动而压缩空气。

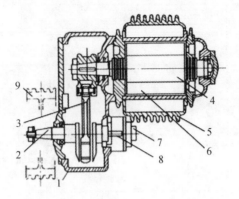

图 2-63 摆动式空气压缩机结构
1—曲轴箱壳; 2—曲轴; 3—连杆; 4—转子;
5—气缸; 6—阀座; 7—油泵; 8—滤油器; 9—带轮

图 2-64 所示为摆动式空气压缩机工作原理图。当转子 10 沿逆时针方向摆动时,其叶片后方处于低压状态,外部空气便通过进气阀 8、13 的一侧阀门吸入气缸。此时,进气阀 9、12 的一侧阀门关闭;同时,将气缸内上一次工作循环吸入的空气压缩,经阀座 6 与气缸 5 形成的排气道,由排气阀 3、14 排出。当转子从一个止点摆到另一个止点时,便完成一个工作循环;当转子 10 沿顺时针方向摆动时,进、排气阀以相反的动作进行进气和排气,空气压缩机再完成一个工作循环。由于转子叶片两侧都是工作容积,所以当转子摆动时,转子两侧都可进行吸气式压气,曲轴不断转动,气缸内就连续排出压缩空气。曲轴每转一周,转子摆动两次,完成两个工作循环。

摆动式空气压缩机的曲轴箱与往复活塞式空气压缩机的曲轴箱相似,构造比较简单。摆动式空气压缩机的气缸体用灰铸铁制造,转子用球墨铸铁制造。在转子叶片的两端和两侧均开有装密封件的槽。在转子两端的轴颈上车削有密封槽,以防轴向漏气和漏油。转子和气缸体之间靠装在转子叶片密封槽内的石墨碳精片密封,其间并无润滑油,因此排出的压缩空气比较洁净,对粉料无污染,是一种比较理想的空气压缩机。

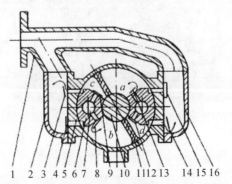

图 2-64 摆动式空气压缩机工作原理
1—集气管; 2、16—排气阀室; 3、4、14、15—排气阀; 5—气缸; 6—阀座;
7—进气孔; 8、9、12、13—进气阀; 10—转子; 11—叶片

6. 气卸粉罐车管路系统

图 2-65 所示为卧式粉罐车的气压卸料管路系统。装料时,关闭放气阀 1、卸料阀 5 和多路阀 6,开启排气口 4,打开装料口 3 即可装料入罐;卸料时,关闭装料口 3 及排气口 4,打开多路阀 6,操纵动力输出装置来驱动空气压缩机,向罐内充气加压。当罐内气压达到输送某粉料所需要的压力时,打开卸料阀 5 进行卸料。卸料结束后,关闭卸料阀 5,打开放气阀 1,放出罐内剩余的压缩空气。止回阀 9 的作用是防止在卸料过程中,空气压缩机发生故障时,流态化粉料倒流入空气压缩机。安全阀 7 的作用是控制空气压缩机的排气压力乃至罐体内的充气压力。

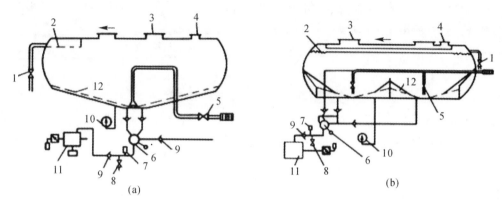

图 2-65 气卸管路系统
(a)单舱; (b)双舱
1—放气阀; 2—滤清器; 3—装料口; 4—排气口; 5—卸料阀; 6—多路阀;
7—安全阀; 8—放气阀; 9—止回阀; 10—气压表; 11—空气压缩机; 12—气化床

图 2-66 所示为斗式粉罐车的气压卸料管路系统。该车气源为外接气源,通过进气管道上的螺纹连接、凸缘连接或快速接头与外接气源相连接。气体分别通过罐体底部的蝶形封头内部流化床和罐体顶部的进气管道进入罐体内部,气体与罐体内粉料混合,呈现流动状态,然后打开卸料阀卸料,粉料与气体的混合物在罐内外压差作用下排出。与卸料管相连的两个球阀用于卸料时起助吹作用,提高卸料速度。

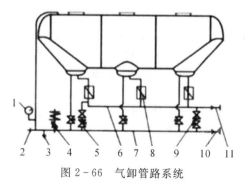

图 2-66 气卸管路系统
1—压力表; 2—螺纹连接; 3—凸缘连接; 4—安全阀; 5—球阀; 6—卸料管;
7—进气管; 8—卸料蝶阀; 9—止回阀; 10—进气快速接头; 11—卸料快速接头

2.5 洒 水 车

2.5.1 洒水车的用途与组成

洒水车不仅要完成运水任务,而且在行驶过程中还要完成洒水作业。因此,洒水车是指装有水罐、水泵、喷嘴及管路系统,使水流具有一定压力,经喷嘴向路面喷洒的罐式专用车辆。

洒水车通常是在普通汽车底盘上改制而成的,也可制成半挂车。洒水车均装有喷嘴,有的还装有高射喷枪,用于洒水、冲洗、喷药、罐内药液循环拌及浇水,可以自吸,可以用于泵站及应急消防,使洒水车的用途更加广泛。

2.5.2 洒水车部分总成

1. 水罐

洒水车的水罐体与普通液罐车相似,也是用普通碳素钢板焊制而成的,横截面多为椭圆形,内表面涂有防锈层。因此,在焊修水罐后,不仅水罐的外表面要涂漆,内表面也应涂防锈层。

2. 水泵

洒水车多采用无阀混合式自吸离心泵。水泵的扬程和流量视洒水车的主要功用而定,如以道路施工洒水为主,给洒水喷嘴提供的压力可低于 250 kPa;若以道路扑尘为主,其压力不小于 250 kPa;若以清扫路面为主,其压力不小于 350 kPa。泵的流量一般为 50~80 m³/h。如图 2-67 所示为 3ZX-8E 型自吸离心泵。它是一种无阀混合式自吸离心泵,由泵体 1、叶轮 2、水泵轴 7、支承壳体 4 和水封 3 等组成。

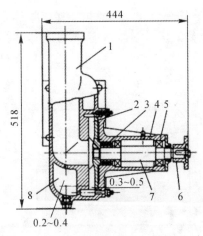

图 2-67　3ZX-8E 型自吸离心泵(单位:mm)
1—泵体; 2—叶轮; 3—水封; 4—支承壳体; 5—轴承; 6—联轴器; 7—水泵轴; 8—气水分离室

这种泵的特点是无底阀,加注引水量较少,而且加注一次引水在短时间停止工作后再启用时,无须再加引水。其工作原理是:水泵工作前须从管道上的加水孔加注 30~40 L 清水(此引水在一般间断工作过程中不用再加注)。起动水泵,叶轮高速旋转,将引水排入泵体上的气水分离室8内。经气水分离室的气体被分离出来,由排水管排出,分离出的水回流到水泵进水管,经回水孔再流入叶轮腔。如此循环工作,可以将水泵吸水管内的空气不断吸入水泵,和水泵中的引水混合,再被叶轮排入气水分离室进行气水分离,气体被排出,吸水管内的空气逐渐被水泵吸出而产生真空。当吸水管内的真空度达到足以将水源的水吸入水泵内时,即可使水不断地经水泵由排水管排出。这时,该种水泵即按普通离心泵的工作原理完成抽水加压作业。

3.五通换向阀

洒水车管路系统中的五通换向阀,如图2-68所示,该阀由五通管10、弯管11、水道阀门8及控制气缸1、12等组成。

控制气缸的操纵阀设在驾驶室内,通过操纵手动换向阀来控制气缸活塞3的位置,进而控制水道阀门8的位置,达到控制水流方向的目的。当洒水车洒水时,向左控制气缸活塞3的左腔充入压缩空气,推动活塞3、活塞杆6及水道阀门8右移至五通管10的中部(图示位置),关闭水泵出口与水罐的通道。同时,向右控制气缸12活塞的左腔充入压缩空气,推动右半部的活塞、活塞杆及水道阀门右移,离开五通管的中部而关闭水泵入口和水罐与进口管的通道。操纵动力输出装置带动水泵旋转,水泵即可将水罐中的水经五通管抽入,并经五通管由排出管排出,向洒水车喷嘴提供高压水。当洒水车靠车载水泵向其水罐内抽水时,操纵控制阀使气缸及水道阀门做反向移动,关闭水罐与排水管的通道,打开进水管与水泵入口及水泵出口和水罐的通道。起动水泵,即可通过进水管将水源的水吸入水泵,由水泵出口排出,经五通管注入水罐。

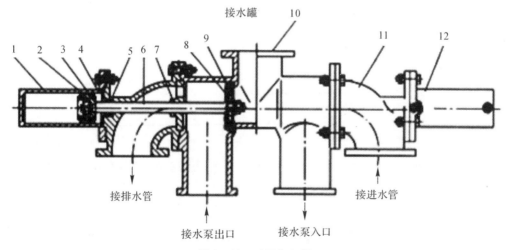

图2-68 五通换向阀

1—左控制气缸; 2—密封圈; 3—活塞; 4—水封压板; 5—水管; 6—活塞杆;
7—支撑凸缘; 8—水道阀门; 9—密封通管; 10—五通管; 11—弯管; 12—右控制气缸

由此可见,洒水车的工作情况除与水泵的性能有关以外,还与五通阀的密封有关。若五通阀关闭不严而漏水漏气,将直接影响水泵的引水过程和工作效率。因此,应保证水泵及五通阀的良好工作状态。

复习思考题

1. 简述罐式车辆的定义及其用途。
2. 简述罐式车辆的分类。
3. 简述罐式车辆罐体常用材料及其特点。
4. 简述罐体的承载类型及各自的特点。
5. 简述普通加油车的工作过程。
6. 苛性钠罐式车的防冻措施有哪些?
7. 简述液化气罐车的总体结构。
8. 简述气卸粉罐车的组成及卸料原理。
9. 简述摆动式空气压缩机的作用及工作原理。
10. 简述洒水车五通换向阀的作用及工作原理。

第3章 自卸车辆

自卸汽车是指利用本车发动机动力驱动液压举升机构,将其车厢倾斜一定角度卸货,并依靠车厢自重使其复位的专用车辆,又称翻斗车。随着国内基础设施建设需要不断增加,自卸汽车近年来一直保持着较高的产销量,在专用车综合产量中保持第一的位置。

3.1 自卸车辆概述

3.1.1 用途与分类

自卸汽车主要用于运输散装并可散堆的货物,如砂、石、煤、土、矿石、垃圾及建材等,多用于矿山、工地和建筑材料厂等场合。

自卸汽车具有卸货机械化的特点,通常与装载机或皮带运输机配套使用,实现全部装卸机械化,可以有效缩短装卸时间,提高运输效率。根据不同的分类标准,主要有以下几种类型。

(1)按用途分类。自卸汽车按用途可分为两大类:一类属于非公路运输用的重型和超重型(装载质量在20 t以上)自卸汽车,主要承担大型矿山、水利工程等运输任务,通常是与挖掘机配套作业,这类汽车又称为矿用自卸汽车;另一类属于公路运输用的轻、中、重型(装载质量为2~20 t)普通自卸汽车,它主要承担砂石、泥土、煤炭等运输任务。

(2)按装载质量级别分类。自卸汽车分为轻型自卸汽车(其装载质量一般小于3.5 t)、中型自卸汽车(其装载质量为3.5~8 t)和重型自卸汽车(装载质量一般大于8 t)。

(3)按卸货方向分类。自卸汽车有后倾式、侧倾式、三面倾式、底卸式和货厢升高后倾式等多种类型。其中以后倾式自卸汽车应用最为广泛。在道路狭窄、卸货场地较小的情况下,使用侧倾式自卸汽车比较方便。三面倾式和底卸式自卸汽车仅适用于少数特殊场合。货厢升高后倾式自卸汽车适用于货物堆集、变换货位和往高处卸货的场合。

(4)按倾卸机构分类。自卸汽车有直推式自卸汽车和连杆-液压缸并用式自卸汽车。直推式自卸汽车是使用举升机构的液压缸直接推举货厢,使之倾翻卸货的自卸汽车。直推式自卸汽车又可分为单缸式、双缸式及多级缸式等3种。连杆-液压缸并用式自卸汽车是举升液压缸通过连杆机构与货厢相连,举升货厢使之倾翻卸货的自卸汽车。它是普通自卸汽车中使用最为广泛的一种形式。

(5)按传动类型分类。根据传动类型不同,自卸汽车分为机械传动、液力机械传动和电传动三种类型。中型以下自卸汽车大都为机械传动,重型汽车为了改善其使用性能往往采用液力机械传动,而矿用超重型自卸汽车多采用电传动。

(6)按货厢结构分类。自卸汽车按底板横断面形状可分为矩形式、船底式和弧底式。

(7)按车厢栏板结构进行分类。自卸汽车可分为栏板一面开启式、栏板三面开启式和簸箕式(即无后栏板)等。

3.1.2 整车形式与结构特点

1. 普通自卸汽车

普通自卸汽车一般是在载货汽车的基础上改装而成的,也就是利用载货汽车除货厢以外的各总成(底盘可能稍加改动)组成,通常包括底盘、动力传动装置(包括操纵控制装置、取力器、油泵及传动轴等)、举升机构、液压倾卸机构、副车架、专用车厢和后铰链支座等结构,图3-1所示为一普通自卸汽车的结构及组成。

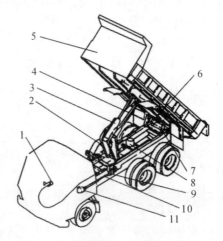

图3-1 普通自卸汽车结构及组成

1—液压倾倒操纵装置; 2—倾卸机构; 3—液压油缸; 4—拉杆; 5—车厢;
6—后铰链支座; 7—安全撑杆; 8—油箱; 9—油泵; 10—传动轴; 11—取力器

(1)底盘。普通自卸汽车的底盘一般为发动机前置后轮驱动的布置形式。自卸汽车总质量小于19 t的,一般采用4×2驱动形式,总质量大于19 t的,一般采用6×4驱动形式或6×2的驱动形式,驾驶室为长头或平头形式。

(2)动力传动装置。从变速器总成的顶部或侧面安装取力器输出动力。取力器直接带动油泵或通过传动轴带动油泵,从而产生液压驱动力。

(3)取力器。取力器(Power Take Off,PTO)就是一组或多组变速齿轮,又称功率输出器,一般由齿轮箱、离合器和控制器组合而成,与变速箱低挡齿轮或副箱输出轴连接,将动力输出至外部工作装置,如举升泵等。其是变速箱里的一个单独的挡位,挂上这一挡加油门,举升泵就可以进行运转。举升泵是一个液压装置,可举升车箱,实现自卸功能。

(4)举升机构。举升机构是自卸车的核心部件,既要满足机构运动,又要满足机构强度。举升的动力传动装置一般从变速器总成的顶部或侧面安装取力器输出动力,取力器直接带动油泵或通过传动轴带动油泵,从而产生液压驱动力。

(5)倾卸装置。常见的倾卸装置结构如图3-2所示。自卸汽车的倾卸装置大体可分为以下几个基本组成部分。

第3章 自卸车辆

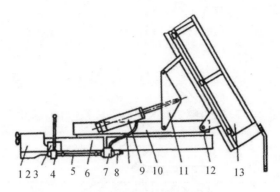

图 3-2 倾卸装置结构

1—发动机；2—变速器；3—取力器；4—传动轴；5—车架；6—液压泵；7—分配阀；
8—油管；9—举升油缸；10—副车架；11—杠杆机构；12—铰链轴；13—货箱

1)倾卸机构。由货厢、副车架、铰链轴及倾卸杠杆机构等组成。

2)液压驱动系统。由取力器、传动轴、油泵、管路系统、举升油缸及分配阀等组成。

3)附件系统。由安全撑杆、举升限位装置、后厢板自动启闭装置、货厢下落导向板及副车架连接装置等组成。

(6)车厢。

1)用途与组成。车厢用于装载和倾卸货物。它一般由前栏板、左右侧栏板、后栏板和底板等组成。为避免装载时物料下落碰坏驾驶室顶盖，通常车厢前栏板加作向上前方延伸的防护挡板，称为防护罩。车厢底板固定在车厢底架上，两侧栏板外侧面通常布置有加强筋。

2)类型。车厢主要有后倾式、侧倾式、三面倾卸式和簸箕式几种类型。

A.后倾式。图 3-3 为典型的底板横剖面呈矩形的后倾式车厢结构。后倾式车厢的侧栏板和前栏板均固定在车厢底架上，后栏板左右两端上部与侧栏板铰接，后栏板借铰接机构可以开启或关闭，倾卸货物时，后栏板通过铰接轴呈悬垂状态。此外，为了适应各种各样的工作环境，现在的自卸式货车的卸载方向也越来越多。但是由于传统的后倾式比较方便，技术成熟，所以一般的自卸式货车都采用后倾式。只在一些特殊环境里才会用到其他类型的车，例如在一些狭小的地方就会采用侧倾式、三面倾卸式或者簸箕式车厢。

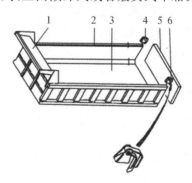

图 3-3 后倾式车厢结构图

1—前栏挡板(防护罩)；2—侧栏板；3—底板；4、6—后栏板铰链座；5—后栏板

B. 侧倾式及三面倾卸式。具体车厢结构如图 3-4 所示，其栏板与底板一般为直角，栏板开启、关闭的铰接轴为上置式，开启时，侧倾面的栏板呈自由悬垂状，多用于有侧倾要求的中型自卸汽车。

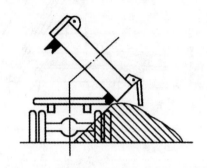

图 3-4　侧倾式及三面倾卸式的车厢

C. 簸箕式。矿用自卸汽车和重型自卸汽车的车厢多采用簸箕式，以方便装载、倾卸矿石、砂石等。这种车厢没有后栏板，也不需要设置车厢开闭机构。簸箕式车厢可采用双层底板结构，以增加底板的强度和刚度，并可减轻自重。簸箕式车厢如图 3-5 所示。

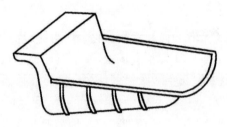

图 3-5　簸箕式车厢

2. 矿用重型自卸汽车

矿用重型自卸汽车是汽车家族里最大的汽车，在使用中存在载重量大、运距短、道路条件恶劣、车速不高等困难，因此不能采用一般自卸汽车底盘直接改造，需要专门设计底盘。

矿用重型自卸汽车整车基本采用短轴距后卸货形式。其驾驶室一般采用单座驾驶室，平行布置在发动机的一侧，具有视野宽广、通风良好、便于动力维修以及整车面积利用率高等优点。

传动系分为机械传动、液力机械传动或电传动。制动系均为动力制动，其中，中、小吨位车多采用气压制动，大吨位车则多采用油气制动与高压全液压制动。货厢举升机构普遍采用前端直推式。

3.2　自卸车辆的液压系统

自卸汽车的液压系统由三部分组成，即动力部分、操纵部分和执行部分，如图 3-6 所示。

动力部分主要包括取力器、油泵以及连接两者的传动机构。操纵部分用来控制举升油缸实现车厢倾翻，它应具有举升、举升中停、降落、降落中停等 4 个动作。其控制阀多采用三位四通阀。操纵控制阀的方式有手动机械杠杆式、手动液压伺服式和气动操纵式等3种。执行部分包括举升油缸和货厢等。

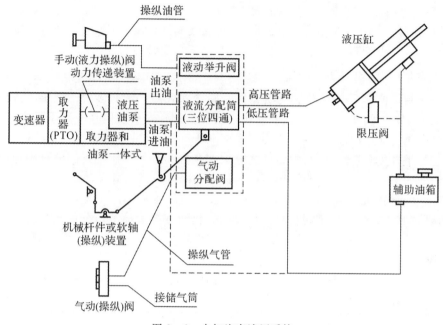

图3-6 自卸汽车液压系统

3.2.1 液压系统的结构

1. 液压系统结构布置

图3-7所示为典型的中小型自卸车液压系统的结构组成图。该系统由液压能产生部件、工作部件与操纵控制部件三大部件组成。

(1)液压能产生部件。它主要包括图3-7中的取力器2、油泵及单向阀3、油箱7及油泵传动机构。取力器通常与变速器直接装成一体。油箱的安装位置则比较灵活,主要视副车架与货厢的空间,以便于安装维护液压管路系统,并尽量缩短油管长度。

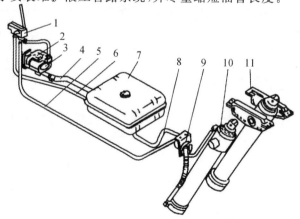

图3-7 自卸车液压系统结构布置

1—转阀; 2—取力器; 3—油泵及单向阀; 4—进油管; 5—高压油管;
6—低压油管; 7—油箱; 8—低压回油管; 9—分流块; 10—油缸; 11—油缸支座

(2) 工作部件。它主要指油缸与翻倾杠杆系统。油缸 10 通过油缸支座 11 安装在副车架中部或中后部的加强横梁上。由于工作部件受力极大,所以要求各连接点处有足够的连接强度和刚度,所有摩擦副应有良好的配合精度与润滑。

(3) 操纵控制部件。它包括液压分配阀、限位阀及操纵系统。操纵控制部件多安装在汽车前部的驾驶室内部或后部,既要方便操纵与维护,又要减少管路的迂回。

2. 液压举升机构操纵方式的选择

液压分配阀是控制系统的核心,分为滑阀和转阀两大类。转阀多用于低压、小流量的轻、中型自卸车上。分配阀又分为常开式和常闭式两种。常开式分配阀在车厢不举升时,油泵的压力油经分配阀后又返回油箱,在系统中不产生高压,因此可减轻油泵磨损,并可防止自卸车在行驶中意外举升货厢造成事故,故常开式分配阀在自卸车上应用最广。分配阀选择的依据是液压系统的额定工作压力和流量,同时应与选定的操纵方式相适应。

分配阀操纵机构的形式有机械操纵式、液压操纵式和气压操纵式,以气压操纵式应用最为广泛。

(1) 机械操纵式。驾驶员通过机械杠杆或钢丝软轴直接拨动液压分配阀实现换向。这种操纵方式可靠性好、通用性强、维修方便,但是它杆件较多、布置复杂。对于可翻转式驾驶室不宜采用这种操纵方式。

(2) 液压操纵式。通过手动液压操纵阀建立油压来打开或关闭液动举升阀实现换向,实现车厢的举升和下降。此种阀没有中停位置,故必须切断油泵动力才能实现中停。

(3) 气压操纵式。利用汽车储气筒的压缩空气,通过气动操纵阀控制气体管路,驱动气动分配阀上的气缸工作,实现分配阀换向,使车厢实现举升、下降和中停。该系统操纵简便、功能齐全,反应灵敏、结构先进,因此广泛应用于中、重型具备气源的自卸汽车。它的缺点是气动转化成液动需要两套管路,维修麻烦。操纵方式选择以后就可选择合适的液压方向控制阀,该阀通常采用三位四通阀。

3.2.2 液压举升机构的工作原理

图 3-8 所示为某自卸汽车所采用的液压举升系统原理图。该系统由手动气阀 2、液压油泵 4、气控举升阀 6、举升缸 7、限位阀 8 及管路等组成,其工作原理如下。

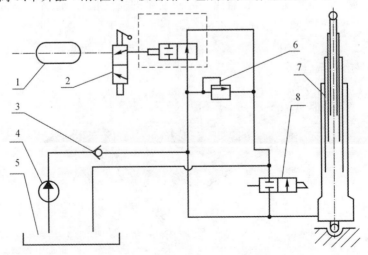

图 3-8 液压举升系统原理图

1—汽车储气筒; 2—手动气阀; 3—单向阀; 4—液压油泵;
5—油箱; 6—气控举升阀; 7—举升缸; 8—限位阀

(1)准备。先使自卸车处于驻车制动状态,并将气控举升阀速器置于空挡。起动发动机,踩离合器结合取力器使油泵进入工作状态。此时液压油经油泵、单向阀、气控举升阀流回油箱。

(2)举升。取力器与油泵仍处于结合状态,油泵继续工作。拧动手动气阀使汽车储气筒中高压气体操纵气控举升阀,使之关闭,此时举升油路为:油箱5→液压油泵4→单向阀3→三通→举升缸7,实现举升。

当车厢举升至极限位置时,油缸达到最大行程,油缸角度的变化将顶动限位阀,将高压油路与限位阀回油路接通而卸荷,油泵空载,举升停止,货厢处于举升最高位置。

(3)举升中停。在举升状态下只能将取力器与油泵分离,切断动力,这时液压油被锁死在举升缸下腔的管路中,使车厢可保持在任意举升位置,实现举升中停。

(4)降落。将取力器与液压油泵4分离,切断动力;然后拧动手动气阀使储气筒中高压气体卸压,气控举升阀6常通,则举升缸靠车厢重力将其腔下的液压油通过气控举升阀6流回油箱。

(5)降落中停。在降落状态下(此时取力器与油泵为分离状态),拧动手动气阀,使储气筒中高压气体将气控举升阀6关闭,则液压油又被锁死在举升缸下腔的管路中,使车厢可保持在任意降落位置,实现降落中停。

图3-9所示为另外一种自卸汽车液压系统的工作原理图,这种结构多用于国产5 t自卸汽车。该系统由取力器、油泵、液压控制阀、油缸、限位阀、油箱、操纵系统及管路等组成。与上述自卸汽车采用不同的操纵方式,即通过手动转阀建立油压来打开或关闭液动举升阀实现换向。其工作原理如下。

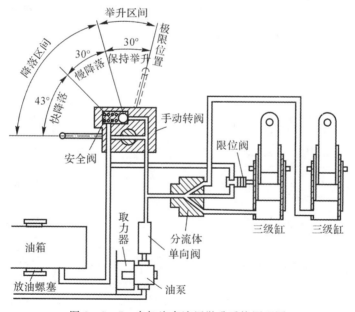

图3-9 5 t自卸汽车液压举升系统原理图

(1)空载。将转阀手柄置于水平初始位置,起动发动机,结合取力器使油泵进入工作状态。此时,液压油经油泵、单向阀、液压换向阀流回油箱。

(2)举升。将转阀手柄逐渐向上转动,关闭换向阀。此时从油泵经单向阀来的高压油经分流体后分别进入左、右油缸实现举升。油缸举升到最大行程时拨动限位阀,将高压油路与回油路接通而卸荷,举升停止,货厢处于举升最高位置。

(3)保持。将转阀手柄置于"保持举升区间",并切断取力器停止油泵工作。此时压力油被锁死在油缸内。可按需使货厢处于任意举升位置并保持。

(4)降落。分为缓慢降落与快速降落。将转阀手柄推至慢落位置,回油路仅部分打开,实现车厢缓慢降落。若将转阀手柄推到底,则回油路被全部打开,油缸下腔油液经分流体向油箱快速回油。

3.3 自卸车辆的举升机构

举升机构的动力传动装置一般从变速器总成的顶部或侧面安装取力器输出动力,取力器直接带动油泵或通过传动轴带动油泵,从而产生液压驱动力。

1. 类型

自卸汽车的举升机构有以下几种形式。

(1)液压缸直推前置式。液压缸直推前置式布置形式如图3-10所示,液压缸直接作用于货厢的前部,铰接点靠近车头位置,这种布置形式设计简单、安装方便、系统质量较轻,但也存在油压特性较差、工作寿命短的特点,目前主要用于大、中型自卸汽车的举升机构中。

(2)液压缸直推后置式。液压缸直推后置式布置形式如图3-11所示,液压缸直接作用于货厢的后部,铰接点靠近车架中部位置,这种布置形式同样具有安装简单、布置方便、设计简单、总质量较轻的优点,但也存在工作寿命短、机件抗磨损程度大、油缸工艺要求高等缺点,目前主要用于中、小型自卸汽车的举升机构中。

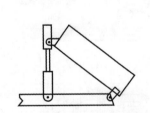   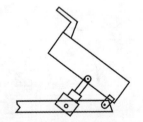

图3-10 液压缸直推前置式   图3-11 液压缸直推后置式

(3)连杆组合式。连杆组合式举升机构一般由三角臂、副车架和车厢构成的连杆机构与油缸组合而成。由于运用了三脚架对力的放大特性,减小了油缸的工作行程,所以具有机构平稳性好、重心低等特点。此类举升机构具有刚度好,可采用结构简单、密封性好、易于加工的单缸,布置灵活多样等许多优点,因而广泛应用于现代中、轻型自卸汽车。

常用的连杆组合式举升机构如图3-12所示,其布置形式有两种,即油缸前推式(又称T式)和油缸后推式(又称D式)。T式又称马勒里机构,D式又称加伍德机构。以T式和D式连杆组合式举升机构为基础,还可以演变出多种各具特色的组合式举升机构,如油缸前推杠杆组合式和油缸后推杠杆组合式和油缸浮动连杆组合式等。

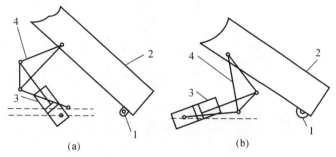

图 3-12 连杆组合式举升机构
(a)油缸前推式； (b)油缸后推式
1—铰支座； 2—车厢； 3—油缸； 4—三角臂

总的来说,直推式举升机构(前置式或后置式)设计简单。但是因为是油缸直接顶起车厢,所以为了获得一定的举升角度,通常需要使用多级油缸,一般考虑到提高整车的稳定性,通常采用双油缸结构。不过这种结构容易造成油缸漏油和双举升的不同步,使车厢举升受力不均。现在,该类举升节结构主要应用于重型自卸汽车。

连杆组合式举升机构利用三角形连杆机构的放大特点,不仅降低了油缸的工作行程,而且还能通过与连杆系的横向跨距来加强卸货时车厢的稳定性,该机构只需要采用单级单缸的油缸就能达到设计要求,因此,该类举升机构制造工艺相对简单。在生产实际中应用广泛。表3-1为直推式与连杆组合式举升机构的综合比较。

表 3-1 直推式与连杆组合式举升机构的综合比较

结构形式	直推式	连杆组合式
结构布置	结构简易、易于布置	结构较复杂、布置困难
系统质量	较小	较大
整体高度	较低	较高
油缸加工工艺	多缸级、加工精度高	单缸级、制造简便
系统密封性	密封环节多、易渗透	密封环节少、不易渗透
油压特性	较差	较好
制造成本	较高	较低
系统倾斜稳定性	较差	较好

2. 工作原理

传统自卸汽车多采用连杆式举升机构,如图3-13所示,举升机构在运行工作时,其运动和力的传递过程分为以下两个阶段:

(1)自卸液压系统中的液压油泵接受汽车发动机传来的动力将液压油通过分配阀等阀类部件,供入如图3-12所示的液压油缸中,使液压油缸产生对举升机构杆件的举升力;

(2)液压油缸产生举升力后,将运动的力传至三角臂,使其发生空间运动,从而在拉杆的作用下使货厢发生举升。

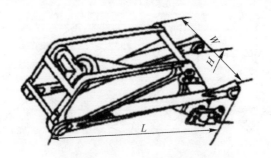

图 3-13 举升机构轴测图

3.4 取力器

各类专用车辆的专用工作装置大都是以汽车底盘自身的发动机为动力源。自卸车的齿轮泵、搅拌机的液压马达、消防车的水泵和制冷车的压缩机等,这些动力的连接,基本都是通过取力器来实现的,取力器如图 3-14 所示。

图 3-14 取力器

1. 类型

按照不同的分类标准可分为以下几种不同的类型。

(1)根据功率输出渠道分类。功率输出渠道是由取力器所在位置来决定的。如图 3-15 所示,以奔驰 Actros 重型卡车为例,其中:

发动机 PTO 1 为发动机凸轮后端取力(取力器与发动机凸轮轴同步工作);

发动机 PTO 2 为发动机曲轴前端取力(取力器与发动机曲轴同步工作);

PTO 3 为发动机曲轴后端取力;

PTO 1+PTO 2 为变速器中间取力(取力器与变速器中间轴连接);

PTO 1 为变速器中间取力(取力器与变速器中间轴相连),自动变速器的取力器位置在变速器的两侧。

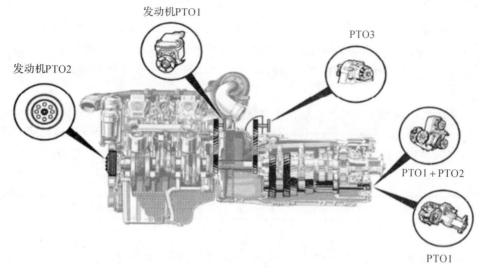

图 3-15 取力器安装位置图(以奔驰 Actros 为例)

其中,PTO3 安装在发动机与变速器之间,与发动机曲轴动力连接,不受离合器控制,取力器内部有液压控制离合器。在车辆应用上,采用最多的还是从变速器和分动器输出动力。传动轴取力是将取力器作为独立总成,设置于传动轴之间,它在转动的过程中具有良好的动平衡性能,工作可靠性高,结构也比较简单,在消防车上有应用。

(2) 按最终功率输出形式分类。取力器按功率输出形式可分为部分功率输出和全功率输出两种。

根据取力器本身的速比 i 来看,$i=1.00$ 就是全功率输出,用于混凝土搅拌车、混凝土泵车和液压传动车;其余为部分功率输出,具体来分,$i=0.37\sim0.48$ 用于自卸汽车举升泵;$i=0.48\sim0.88$ 用于液压起重机液压泵;$i=0.88\sim1.54$ 用于液罐车液压泵;$i=1.51\sim1.87$ 用于市政工程车高压泵。

功率输出同时再根据使用要求细分为两种情况。一种是行车和停车时都能输出功率,另一种是只在停车时输出功率。

(3) 按取力器本身结构的挡位分类。取力器有一个单挡或多挡的齿轮箱,按照挡位多少可分为单挡式和多挡式两种。单挡式主要用来驱动发电机、自卸车液压泵等机构,多挡式主要用于驱动绞盘(需要前进、后退两个挡位)等机构。如果取力点设在变速器后端或分动器上,则只要一个挡位即可。

(4) 根据取力器的操纵机构分类。取力器的操纵机构可分为机械式和气压式。机械式操纵机构的操纵杆一般位于驾驶室内,平时被锁止在空挡位置,以免发生意外的接合。气压式操纵机构用一个安装在仪表板上的开关控制一个电磁空气阀向取力器气缸中供气或排气,使取力器接通或脱开,它的结构一般分为单向气操纵及双向气操纵。

2. 取力器的取力方式

取力器在专用车辆的设计和制造方面显得尤为重要。根据取力器相对于汽车底盘变速器的位置,取力器的取力方式可分为前置、中置和后置等 3 种基本形式,常用的取力方式可分为以下几种类型。

(1) 发动机取力。

1) 发动机前端取力。这是一种常用的取力形式,一般由正时齿轮室或由风扇、水泵的皮带轮输出,例如气压制动系统中的气泵,某些专用工作装置所用的液压马达等。由于该方式的取力路线距离较长,且传力过程中需要转换传动方向,采用机械传动会使其结构复杂,所以一般采用液压传动。

2) 发动机后端取力。取力器一般位于飞轮处,图 3-16 所示是一种飞轮取力的布置方案,在飞轮前端的齿轮,通过中间轴齿轮带动取力器齿轮,从而驱动取力器的输出轴。这种取力方式的优点是不受离合器控制,但是改变了曲轴末端的结构,对于发动机平衡会产生一些影响。这种布置形式在机场消防车上有应用。

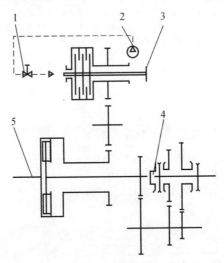

图 3-16 飞轮后端取力装置
1—阀; 2—油门; 3—取力器; 4—变速器; 5—发动机

(2) 变速器取力。

1) 变速器上盖取力。这种布置方案是在原变速器的上盖上进行改型,将取力器叠置于变速器之上,通过一级惰轮和变速器的第一轴常啮合齿轮啮合,由该惰轮将动力传递给取力器的输出轴,如图 3-17 所示。这种取力器具有与发动机同转速输出的特点,因而适合于需要有高转速输入的工作装置,如自卸车、液罐车、冷藏车和垃圾车等。

2) 变速器侧盖取力。变速器侧盖取力分为左侧盖取力和右侧盖取力两种形式。一般汽车厂在设计变速器时会考虑到动力输出问题,因而在变速器左侧和右侧都留有标准的取力接口,也有专门生产与之配套的取力器的厂家。因此这种取力方案应用非常广泛,如 CA1091 系列汽车取力器、EQ1091 系列汽车取力器均为侧置取力器。

这种取力方式,动力取自变速器的中间轴齿轮,输出时,动力需要经过变速器上的一对减速常啮合齿轮,因此,从取力器上输出的转速低于发动机输出的转速。侧置取力器按照取力器在变速器上的安装位置可分为左侧式取力器与右侧式取力器。

3) 变速器取力的其他方案。从变速器获取动力有多种结构形式,图 3-18 所示是从中间轴末端取力,图 3-19 所示是从倒挡齿轮取力,图 3-20 所示是从变速器Ⅱ轴取力等。

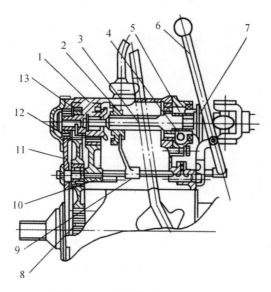

图 3-17 变速器 I 轴取力方案

1—齿轮轴； 2—离合齿套； 3—花键轴； 4—蜗杆； 5—蜗轮； 6—离手柄；
7—输出凸缘； 8—变速器 I 轴； 9—拨叉； 10—拉杆； 11—取力器壳体； 12—惰轮； 13—小齿轮

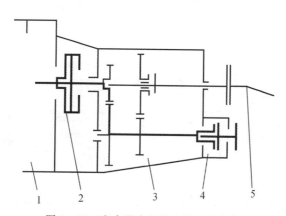

图 3-18 离合器中间轴末端取力方案

1—发动机； 2—主离合器； 3—变速器； 4—取力器； 5—传动轴

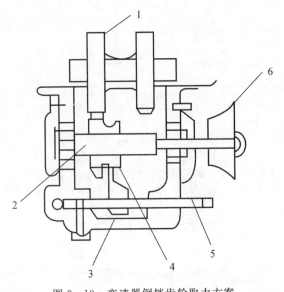

图 3-19 变速器倒挡齿轮取力方案

1—变速器倒挡； 2—取力器轴； 3—拨叉； 4—取力齿轮； 5—拨叉轴； 6—输出凸缘

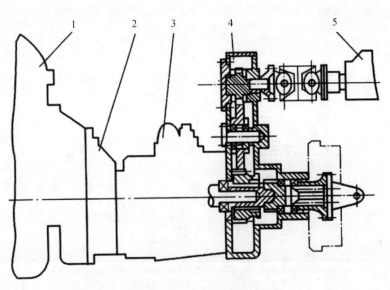

图 3-20 变速器Ⅱ轴取力方案

1—发动机； 2—离合器； 3—变速器； 4—取力器； 5—水泵

(3)传动轴和分动器取力。图 3-21 所示是将取力器设置于变速器输出轴与汽车万向传动轴之间的一种独立结构设计,该类型取力装置固定在汽车车架上,不随传动轴摆动。

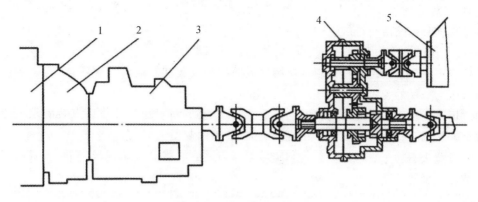

图 3-21 传动轴取力方案

1—发动机； 2—离合器； 3—变速器； 4—取力器； 5—水泵

分动器取力的布置方案如图 3-22 所示,该种方案主要用于全轮驱动的牵引车、汽车起重机等来驱动绞盘或起重机构。从取力器到工作装置间可采用机械传动或液压传动。

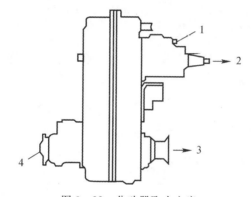

图 3-22 分动器取力方案

1—取力器操纵杆； 2—取力器输出轴； 3—分动器输出轴(接后桥)； 4—分动器输出轴(接前桥)

3.5 垃 圾 汽 车

垃圾汽车是一种市政公用汽车,装有收集、压缩及自卸垃圾等专用装置,用于收集转运城市垃圾。根据不同的分类形式,有不同的类型。

(1)按其作业方式分类有多种形式,如自装卸垃圾汽车、摆臂式自卸垃圾汽车及压缩式垃圾汽车等。

(2)根据填装垃圾的位置不同,压缩式垃圾汽车可分为前装式和后装式两大类。

1)前装压缩式垃圾汽车。垃圾的收集是采用前摆臂装置完成的,它适合于收集和转运大容量垃圾箱盛装的垃圾,工作效率较高。

2)后装压缩式垃圾汽车。它是能将垃圾自行装入压缩、推卸(或倾卸)的自装卸垃圾汽车。它主要用于收集、转运袋装生活垃圾。它与其他形式的垃圾运输汽车的区别是:能压缩、破碎垃圾,增大装载质量。车厢内置的推板可将收集在车厢前部的垃圾推至车厢后部进行压缩,卸出垃圾时,推板将厢内垃圾推出厢外。与前装压缩式垃圾汽车相比,后装压缩式垃圾汽车结构简单、适用范围广,因而获得广泛的应用。

(3)按工作任务或作业方式分类,一般分为以下三类。

1)垃圾集运车。按垃圾收集制度连续地或间接地收集和转运垃圾至转运站,一般设有垃圾装载和压缩垃圾的装置。

2)垃圾转运车。按规定时间将空的垃圾容器运送到指定地点,并将该点装满垃圾的容器运往垃圾转运站,一般设有装卸垃圾容器和倾倒垃圾的装备。

3)一般垃圾运输车。将垃圾集运和垃圾容器转运到垃圾处理站或堆集处,一般设有压缩垃圾和装卸垃圾的装备。

3.5.1 自装卸垃圾汽车

自装卸垃圾汽车是一种用于收集分散在城市垃圾点上的桶装生活垃圾,并转运到垃圾处理场的专用车辆。其优点是集装速度快,二次污染小,结构简单,操纵方便。其常用的形式为侧装式自装卸垃圾汽车。

1. 自装卸垃圾汽车的总体结构

目前国产自装卸垃圾汽车结构如图3-23所示。它由二类汽车底盘、车厢、车厢举升机构、垃圾桶吊升机构、耙渣机构及气控进料口盖等组成。自装卸垃圾汽车的车厢采用全封闭式结构,以防止运输途中的垃圾二次污染。自装、自卸、耙渣机构均采用液压驱动。发动机的动力经取力器(变速器侧盖)、油泵、液压传动装置输送到各专用机构。

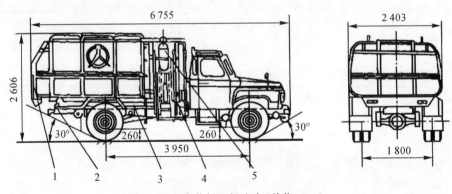

图3-23 自装卸垃圾汽车(单位:mm)

1—车厢; 2—二类汽车底盘; 3—举升机构; 4—吊升机构; 5—耙渣机构

自装卸垃圾汽车的卸载一般采用后倾自卸形式,装载采用右前侧吊装形式。通常中、轻型自装卸垃圾汽车多采用后推连杆放大式举升机构。吊升机构必须保证装满的垃圾桶能够吊升、倾翻和复位。在倾翻过程中应有自锁机构,以防垃圾桶飞脱。

2. 主要工作部件的结构

(1)车厢。自装卸垃圾汽车的车厢结构如图3-24所示。由于车厢整体要满足高强度、高刚度和质量小的要求,所以自卸车车厢一般采用全金属、后开门、外框架和密封结构。车厢采用全封闭式结构,垃圾在装车和运输中不易散落飞扬,垃圾倾卸较干净。车厢顶部设有过滤天窗 4,使厢内气体可以通过天窗向外溢出,防止和减缓厢内垃圾发酵,垃圾经进料口 5 进入厢内时,厢内部分气体可以通过天窗外溢,从而减小经进料口外溢气体的流速,减小厢内垃圾的飞扬。车厢后门 1 一般采用人工开启或关闭。

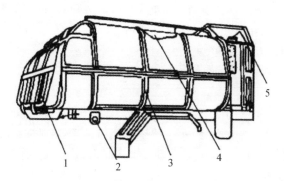

图 3-24 自装卸垃圾汽车的车厢
1—后门; 2—后转轴支座; 3—外框架; 4—过滤天窗; 5—进料口

(2)垃圾桶的吊升机构。自装卸垃圾汽车的垃圾桶的吊升机构主要由外门架、吊升链条、中门架、翻转架、内门架、中门架上横梁轴和托架等组成,如图 3-25 所示。

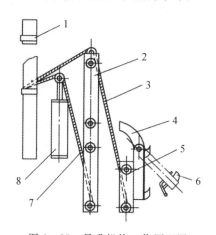

图 3-25 吊升机构工作原理图
1—外门架; 2—中门架; 3、7—链条; 4—翻转架; 5—内门架; 6—锁轴; 8—吊升油缸

1)外门架是由两根纵置的槽钢和上、中、下门框焊接而成的。它是中门架上、下往复运动的滚动支承架。外门架由 4 只角形支座固联在车厢上。此外,吊升油缸固装在外门架上的中门框与下门框上。

2)中门架是由两根纵置的槽钢和上、下横梁组成的封闭框架。它是内门架上、下往复运动的滚动支承架。中门架上横梁上装有惰性链轮支承吊升链条,吊升链条中间固联在外门架上,链条的一端绕过中门架上方的惰性链轮,与内门框上端固联;链条另一端绕过吊升油缸缸头的惰性链轮,与内门框下端固联。中门架下横梁上设有调整吊升链条长度的装置。内门架作为翻转架的支承架,在外、中门架的滚动支承导向面均镶有镶条,中、内门架槽钢外侧均装有滚动轴承,整个吊升机构运行灵活。

3)翻转架由翻转轴、左右铰链座、翻转托架和铰链座与内门架铰接。翻转架带动垃圾桶上下运动,并将垃圾倾卸于厢内。垃圾桶横轴锁紧机构是通过设置在翻转托架内侧的自动锁紧机构实现的,以保证垃圾桶在倾翻时不会脱离翻转架。托架支承垃圾桶,并将垃圾桶按要求的角度倾斜,实现垃圾倾斜泄出。

4)吊升油缸是吊升机构的动力源,当油缸活塞向上运动时,带动活塞杆头链轮驱动吊升链条做上升运动,由于中门架相对于外门架具有两倍油缸行程的上升高度,所以翻转架相对外门架具有4倍于油缸行程的上升高度。

3.5.2 后装压缩式垃圾汽车

后装压缩式垃圾汽车的结构如图3-26所示。其主要结构包括车厢和装载厢两大部分。

车厢2固联于汽车底盘1上,装载厢3位于车厢后端,两者通过铰链连接。装载厢可由举升油缸驱动绕铰轴转动。垃圾从后部入口倒入装载厢内,装载厢内的压缩机构对倒入的垃圾进行压缩处理,通过压缩机构强力向前挤入车厢并压实。

在车厢前端装有油缸驱动推板,卸出垃圾时,装载厢先被举升油缸举起,车厢后部呈打开状,前端推板将垃圾沿水平方向向后推出厢外。装载厢后部一般设有吊升机构,用于将筒装垃圾自动倾翻倒入后部装载厢内。因此,该车在进行垃圾收集时,既可采用手工方式也可采用吊升机构或其他翻转机构直接将垃圾桶内的垃圾倾卸倒入装载厢内,其应用十分广泛。

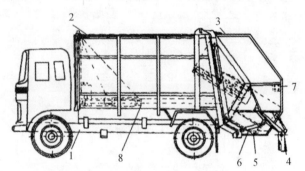

图3-26 后装压缩式垃圾汽车
1—汽车底盘; 2—车厢; 3—装载厢; 4—吊升机构;
5—压缩机构; 6—液压装置; 7—电器开关; 8—推板

复习思考题

1. 简述自卸车辆的用途。
2. 简述普通自卸车辆的结构及各部分功用。
3. 简述自卸车辆液压系统的结构特点。
4. 分析直推式自卸汽车的举升机构的结构特点。
5. 取力器的取力方式有哪些类型?
6. 自装卸垃圾汽车的总体结构包括哪些组成部分?
7. 简述自装卸垃圾汽车吊升机构的工作原理。

第4章 厢式车辆

厢式汽车是指具有独立的封闭结构的车厢或与驾驶室连成一体的整体式封闭结构车厢，装有专用设施，用于载运人员、货物或承担专门作业的专用车辆和汽车列车。

厢式汽车与普通汽车相比，具有卫生条件好，运送货物安全、完好等优点，因此在国内外得到广泛应用。

厢式零担运输车大多是在二类货车底盘基础上，安装一个独立封闭的车厢而成，主要用于轻泡及零担货物的中长距离运输。

车厢为典型的全封闭式结构，根据需要，车厢一般设置有后门或侧门，厢体内安装有通风、采光和信号联系等设施。车厢同时还具有良好的防雨、防晒、防尘及防盗等功能。

按驾驶室布置形式的不同，厢式零担运输车可分为长头式和平头式。前者车厢面积利用率较低，空气阻力系数较大；后者车厢面积利用率有明显提高，外形较协调，特别是装有导流罩的平头式厢式零担运输车的空气阻力系数较小，适于在高速公路行驶。

厢体一般由顶盖、底架(包括副车架纵梁、横梁)、前围、后围和左右侧围等模块组焊而成。

厢式汽车的类型很多，具体分类见表4-1。

表4-1 厢式汽车分类

医用厢式车				餐用厢式车		普通结构厢式汽车		作业用厢式汽车								邮政厢式汽车	
救护车	医疗急救车	X射线诊断车	防疫监测车	伤残者运送车	炊事车	餐车	保温车	冷藏车	厢式零担运输车	图书馆车	宣传车	电视转播车	电视录像车	电影放映车	摄影车	淋浴车	售货车	住宿车	消防指挥车	邮政车	邮件运输车

4.1 城市救护车

4.1.1 概述

救护车是用于紧急医疗服务以及突发性公共卫生事件医疗救援的机动车辆。它有驾驶室、医疗舱、双向无线通信装置，以及必要的、基本的抢救、抢险、防疫或转运设备。城市救护车为典型的厢式汽车。

20世纪60年代后期，救护车的主要任务还仅仅是将人们从事故现场尽快运送到医院。车内空间十分狭窄，只有一些非常基本的急救设备。到20世纪后期，救护车和救护人员都发生了变化，厢式救护车以其独特的厢式结构承担着运送伤员及治疗的作用。

国外的城市居民分布和我国不同，其相对松散，以户为单位，户与户间的距离较大，因此要实现相对远距离的医疗救援，必须配备非常全面的随车医疗设施，从而导致了车辆内部空间的需求变大，城市救护车如图4-1所示。

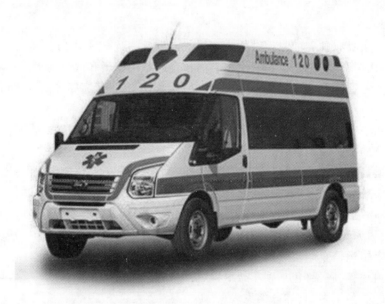

图4-1 城市救护车

4.1.2 包含设施

现代救护车的内部比较宽敞，使救护人员有足够的空间在去往医院的途中对患者进行救护处理。现代救护车内还携带了大量的绷带和外敷用品，可以帮助止血、清洗伤口、预防感染。

车上还带着夹板和支架用来固定病人折断的肢体，并避免病人颈部和脊椎的伤害加重。车上也备有氧气、便携式呼吸机和心脏起搏除颤器等。大多数救护车上还带有病人监护仪，可以在前往急诊室的路上监测患者的脉搏和呼吸。这些检测数据可以通过无线电发送到医院。

许多现代救护车上的工作人员都是专业急救人员，特别是那些负责大型体育赛事、高速公路繁忙路段等高风险场合的工作人员，能够进行高水平的急救处理。在现场和途中的专业救护经常能够挽救伤者的生命。他们受过诊断患者伤势的训练，因此可以提前用无线电传送数据，并建议医院让哪些医护人员和技师做好准备，并备好相应的手术用具。

目前，我国大部分城市救护车基本配备有基础医疗包、简易呼吸器、供养呼吸系统、体外自动除颤器和牵引装置等设施，而少数大城市监护型救护车还会配备有便携式自动呼吸器、心肺复苏装置等医疗设备。表4-2是根据我国2014年出台的相关文件，对A、B、C三类救护车配备医疗设施情况进行的归纳。

表 4-2　A、B、C 三类救护车车载医疗装备一览表

设备名称	A类	B类	C类
可移动担架	1	1	1
基础医疗包	1	1	1
牵引装置	—	1	1
供养呼吸系统	1	1	2
手动血压计	—	1	1
快速血糖仪	—	1	1
心电监护仪	—	—	1
输液装置	2	2	2
便携式气道管理装置	—	1	1
便携高级复苏装备	—	—	1
胸腔引流装置	—	—	1
车载冷藏装置	—	1	1
紧急产包	—	1	1
医护人员防护设备	3	3	3
无线通信设备	1	1	1
内部通信设备	1	1	1

4.1.3　厢式救护车设计要求

1. 隔板

驾驶室与医疗舱之间必须设置密封的隔板,如果隔板上有门,门宽应至少 430 mm,高 1 170 mm,隔板门上应有一个面积不小于 0.3 m² 的观察窗,窗高中心应与驾驶员视线平行,门的插销在驾驶员一侧。装有车用安全玻璃,推拉式并带有玻璃夹紧器,配有可调节窗帘。隔板须密封安装,隔板、观察窗、隔板门行驶时无震动、无声响。隔板安装位置不能影响车辆维修口、盖的打开与维修。

2. 紧急出口

除了车门之外,医疗舱应还有一个出口,允许病人和工作人员撤离。

3. 车厢门

车厢至少有两个开在医疗舱的车厢门,分别布置于车厢末端及右侧面。车厢门最小尺寸限值见表 4-3。

表4-3 医疗仓开口最小尺寸　　　　单位:mm

救护车类型		A	B	C
侧面	高度	800	1 400	1 200
	宽度	600	660	660
后面	高度	750	1 500	1 200
	宽度	900	1 050	1 050
如果是窗子,高度和宽度尺寸可以互换				

车门打开方式如图4-2所示,救护舱后侧车门和车头两侧车门向外打开,救护舱两侧或单侧车门向后拨开。

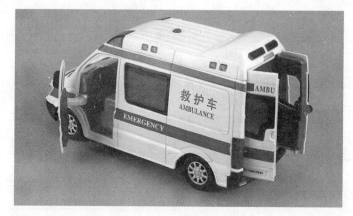

图4-2　车门打开方式

在院前急救过程中,救护人员主要是通过主驾驶模块、副驾驶模块、医护模块和病患模块这四大模块间的彼此协同合作来完成救援任务的。城市救护车车厢内结构如图4-3所示。

 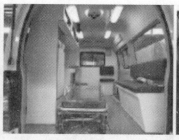 

图4-3　城市救护车车厢内结构

4. 车窗

医疗舱最少有两个车窗,分别安装在车厢两侧或1个窗子在一侧,另1个窗子在后。车窗应适合向外观察,并有遮蔽措施,以利于保护病人隐私。车窗材料应符合车辆设计有关规定。

5.医疗舱

(1)医疗舱概述。医疗舱应根据救护车的类型设计和制造。医疗舱的厢体、侧围、前后围和车顶的厢板及连接部位应密封良好,使车辆保温性能稳定,防噪声及粉尘的性能应达到高等级客车标准。保温层须防虫、防霉、阻燃、无毒并且不吸水。医疗舱内部装饰应阻燃、防水、易冲洗、易消毒并不易变质、变色。封闭层应成整体完整结构、无缝隙、耐磨、耐腐蚀、耐高温和高压水流冲刷。医疗舱内遗留的液体应通过地板上设置的一个或多个带塞子的排水管排放,排水管应与污水收集器连接。医疗舱内应安置时钟。

医疗舱内箱、柜的边缘均为过渡软包装圆角装饰。内部表面没有尖锐的物体,所有医疗设备的挂钩、托架应紧贴舱壁安装,周围有保护设施,储物柜的材料应防水,并方便清洗和消毒(不得用地毯、布面和纤维)。

B、C 型救护车医疗舱应提供储物柜、药械柜、隔架空间,并设置于地板平面之上,布置合理、使用方便、无障碍。

医疗舱内固定的医疗设备和消耗品安放位置,应根据其相应的重要性及便于医务人员使用的原则安排。有关清理病人的呼吸道、呼吸、吸氧和负压吸引的设备应安装在病人担架床头附近的位置。心电监护、输液装置应安装在便于医务人员操作的位置。医用消耗品、药品、器械和工具等应安放在相应的封闭橱柜和抽屉内。所有的医疗设备、消耗品及各类器具都应有固定设施。

储物柜、药械柜和开放的隔架应是圆边。

抽屉、柜门等开启部件应安装定位装置,不能自行打开。B、C 型救护车应装备带有安全锁的可封闭的药品室。

B、C 型救护车应在担架上沿着纵轴安装扶手。担架应在胸、大腿部位安装至少 3 道安全带。

机动车维修设备(如备胎和工具等)不应放在医疗舱内。

(2)医疗舱尺寸。A、B、C 型救护车医疗舱尺寸:储物柜及药械柜体积不小于 1 m³,而且应符合以下要求。

1)长度。除有特殊要求外,从后门内缘向内测量长度至少 3 100 mm,且从急救人员座椅到担架床头部边缘距离不小于 500 mm,担架床脚部边缘至后车门距离至少有 250 mm。

2)宽度。在安装药械柜后,后车厢长座椅与担架床之间要有不小于 300 mm 距离的自由通道。

3)高度。A 型车医疗舱不低于 1 600 mm,B、C 型车医疗舱不低于 1 700 mm 的高度(在医疗舱从车内顶到地板的距离)。B、C 型车担架表面工作高度(不包括床垫)保证不小于 400 mm。

4.2 零担运输车

4.2.1 零担运输车总体结构

零担货物运输是指当一批货物的质量或容积不够装一车的货物(不够整车运输条件)时,与其他几批甚至上百批货物共享一辆货车的运输方式。托运一批次货物数量较少时,装不足或者占用一节货车车皮(或一辆运输汽车)进行运输在经济上不合算,而由运输部门安排和其他托运货物拼装后进行运输,运输部门按托运货物的吨千米数和运价率计费。零担货运灵活机动、方便简捷,适合数量小、品种杂、批量多的货物运输,适应商品经济发展的需要。

根据结构不同,目前的厢式零担运输车可分为两大类,一种是在二类货车底盘基础上安装一个独立封闭的车厢而成,如图 4-4(a)所示;另一种则是专门设计制造的厢式零担运输半挂车,如图 4-4(b)所示。

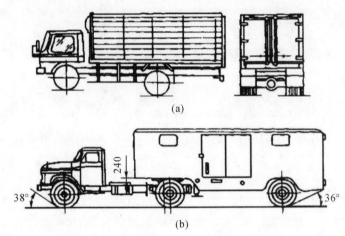

图 4-4 厢式零担运输车整体布置(单位:mm)
(a) 平头厢式零担运输汽车; (b) 长头厢式零担运输半挂车

厢式零担运输车主要用于轻泡货物及零担货物的中长距离运输,车厢为典型的全封闭式结构。根据需要,车厢一般设置有后门或侧门,厢内装有通风、采光和信号联系等设施,车厢具有良好的防雨、防晒、防尘、防盗等功能。车厢厢体由顶盖、底架(包括副车架纵梁、横梁)、前围、后围(后门框)、左右侧围六大块组焊而成。

车厢外形一般采用直角长方形。随着汽车平均车速的不断提高,车厢的造形除满足工艺要求并且外观设计美观大方等以外,应尽量减小车厢的外廓尺寸,以减小空气阻力。

车厢与底盘的连接通过副车架进行过渡,一般采用连接支架与U形螺栓相结合的连接方式。为了连接牢固与改善受力情况,一般应在连接部位的底盘纵梁和车厢纵梁槽钢开口内加衬垫木,在靠近消声器处因温度较高,为安全起见,可加衬钢板。

4.2.2 车厢设计

1. 车厢的骨架

骨架对车厢的强度和刚度起着决定性作用,同时也影响自重。车厢的自重取决于材料的选择和骨架的结构。

骨架结构及截面形状设计是否合理,影响着制造工艺、生产成本、材料利用率和车厢自重。骨架结构的设计需要考虑自身的要求和蒙皮的工艺性与装配性。骨架实际上起支承和固定蒙皮的作用。车厢的骨架一般设计成"井"字形的矩形框架结构,常常是先制成前、后、上、下、左、右几个分总成,再将骨架分总成焊接成一个完整的车厢骨架。骨架构件一般选用1.2~

2.5 mm 厚的钢板制成。

底架是整个车厢承载的基础件,受力情况较复杂,纵梁和横梁均采用槽形截面,并采用通式结构,二者相互垂直地焊接在两个平面上,形成完整的方框式结构,以提高底架的强度和刚度,图 4-5 所示为车厢底架结构。

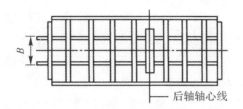

图 4-5 车厢底架结构

设计时,底架纵梁间距离要与所选用的底盘车架的宽度尺寸相同,以便安装。各横梁的位置应根据后轴轴线位置确定。后轴中心相邻的两横梁要满足轮胎跳动,避免运动干涉的要求,因此间距要大一些,一般取 1 000 mm 左右,其他各横梁间距为 500~700 mm。为减轻自重,横梁两边截面可逐渐减小,与纵梁连接处局部加强,使之形成封闭式截面。

目前已出现了无骨架车厢,采用高强度"钢塑夹层板"制作车厢的壁板,同时兼有骨架和蒙皮的作用,大大减轻了车厢的自重,简化了制造工艺。钢塑夹层板是一种理想的材料。

2. 蒙皮

蒙皮是薄壁板件,由很多大小、形状不同的薄板通过一定形式的连接,如铆接、焊接和粘接等,将其固定在骨架的框架面上,成为车厢的内外表面。每块蒙皮的形状和大小又是根据骨架结构与板料尺寸规格确定的,蒙皮之间留有 15 mm 左右的搭接量,一方面是结构上的需要,另一方面用来自动补偿骨架间隔和蒙皮本身的尺寸误差。

蒙皮通常是用 0.8~1.5 mm 厚的薄钢板,也有用铝板或玻璃钢制成的。为了提高蒙皮刚度,往往先在平薄板上压制截面形状各异的加强肋,肋的截面形状有三角形、矩形和弧形等,如图 4-6 所示。从提高刚度方面考虑,弧形最好,三角形和矩形次之,其尖角处留有成形 R 弧。

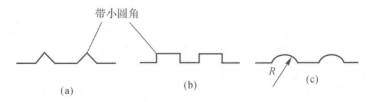

图 4-6 外蒙皮的截面形状
(a) 三角形断面; (b) 矩形断面; (c) 弧形断面

车厢内饰一般采用人造夹层板制成,以减轻车厢自重。由于人造夹层板有一定的厚度,不可能像蒙皮那样搭接,只能对接,并采用装饰压条封口。由于压条较宽,故对接缝的要求不高,允许有小于 3 mm 的间隙存在。

另外,也可在人造夹层板的表面粘贴铝塑板,这样可以不使用压条。顶盖四周与壁板的交接处间隙,可用装饰角压条处理。内饰的防护可采用在外表面加盖钢板的方法,这种钢板压制成一定的截面形状,以提高强度和刚度,且从下至上间断布置,使货物直接与这种防护板接触,从而保护内饰件。

3.门、窗、密封条及门梯

(1)车厢门。车厢一般设置后门,这样有利于货物的装卸和交通安全。对于较长车厢还应考虑增设侧门。在不便或不能打开后门的场合,可利用侧门进行装卸作业。车厢门的形状一般采用矩形平面结构。车厢后门及门框通常占据整个车厢后围,并且门可以转过270°,与车厢外侧壁相叠,这样开门不占空间,方便装卸,有利于在狭窄作业地点工作。

后门开启方式有单开式和对开式两种。单开式后门开启时扫过的空间大、操作不安全,门框受力集中、结构不合理,但厢门开启、关闭机构简单、可靠;左右对开式后门设计较合理,它克服了单开式的缺点,是广为采用的后门开启方式。

侧门宽度一般在1 200~2 000 mm内选取。根据我国交通法规,侧门一律在车厢右侧。侧门中心线与车厢前端的距离应为车厢总长的1/2左右。车厢门的开启角度见表4-4。

表4-4 车厢门开启角度

门的名称	门的形式	开启角/(°)
后门	对开式	270
	单开式	
	上掀式	90
侧门	对开式	180
	单开式	
	上掀式	

(2)车厢窗。为了便于驾驶员能直接观察到车厢内的情况,一般在车厢前围适当的地方开设固定式的玻璃窗,设计时应注意使窗口的位置正好与驾驶室后窗相对应。窗内应设置防护装置,以免货物撞坏玻璃。车厢还应设置供厢内空气循环的通气孔,该孔一般设置在车厢的顶部,设计时应使该孔具有良好的防雨、防淋、防尘等功能。

(3)密封条。车厢应具有良好的密封性,以防止灰尘和雨水渗入车厢。因此,在车厢门与门框以及对开式车厢门的对接处都应加装密封条。为了提高车厢的密封性和密封条的耐久性,密封应当满足以下要求:①具有良好的弹性,以保证密封可靠;②具有良好的抗老化性能,以保证有足够长的使用寿命;③具有良好的耐候性;④有良好的机械强度和耐磨性;⑤便于成形和装配。

(4)门梯。由于车厢底板距离地面约有1 000 mm左右,为便于装卸货物,通常在车厢门的下部装有门梯。门梯的形式有两种:一种为活动式,即由普通钢管焊接而成的门梯,平时放置在车厢下部的滑槽内,使用时将其拉出,下端支承在地面上;另一种为固定式,即将门梯直接固联在车厢门的下部。固定式门梯因其结构简单、使用方便,以及不受地面情况的影响,故使用比较普遍。

4.3 冷 藏 车

冷藏运输,是应用制冷技术和专用设备,使易腐食品在整个运输过程中均处于食品适宜的环境条件(温度、湿度和通风状况)下,从而避免食品在运输过程中变质受损。冷藏运输可分为陆上、水上和空中运输。陆上冷藏运输主要是铁路运输和公路运输。公路冷藏运输的重要工具即冷藏车,用来运输易腐的和对温度有特定要求的货物,主要为食品。

冷藏车在我国有多重分类方式,其中,按功能用途可分为保鲜汽车、保温汽车和冷藏汽车,其中保鲜汽车没有制冷装置,冷藏汽车只能用于冷藏;按制冷方式可分为液氮制冷、机械式制冷、液化天然气(Liquefied Natural Gas,LNG)制冷、蓄冷板制冷;按底盘吨位可分为微型、轻型、中型和重型4种。为了便于储藏及运输宜储温度要求不同的货物,冷藏车的保温厢体可根据特殊要求制作成一厢、二厢或三厢,以实现冷藏车的温度分区管理,当然,温度分区越多,对冷藏车制冷机组的要求越高。在发达国家,冷藏车的种类已高达1 000多种,我国现有的冷藏车品种也已经接近500种,典型冷藏车外形如图4-7所示。

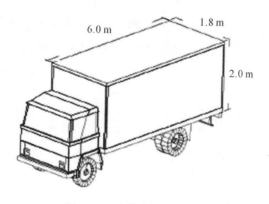

图4-7 冷藏车外形图

(1)机械式冷藏车通常应用于冷冻货物的长途运输。机械式冷藏车的优点是:车厢内温度场比较均匀而且相对稳定,温度可根据运输货物的不同进行调节。其缺点是:初期投入较高;机械式制冷机组结构相对复杂,故障率和机组维修成本较高;噪声污染严重;大型冷藏车的制冷效率低,而且需要定期除霜。

(2)液氮冷藏车的制冷部件包括温度控制器、液氮罐和喷嘴。通过温度控制器设定车厢内的温度,温度传感器将车厢内的实时温度传送回温度控制器,如果实际温度超过预设值,液氮管道上的电磁阀会自动开启,喷嘴喷出的液氮会在车厢内汽化并吸收热量,从而降低车厢内温度;当温度控制器检测车厢温度降到设定值时,电磁阀就会自动关闭。液氮冷藏车的优点是:制冷机组结构简单,初期投资较少,制冷效率高,无噪声污染。其缺点是:运营成本高,货物运输途中不易进行液氮的补给,而且在进行长途运输时,液氮冷藏车装备的大型液氮罐占据车厢有效载货空间,导致运货量减少。

(3)LNG冷藏车是用液化天然气作为燃料,并利用液化天然气汽化吸收冷藏车内热量以此作为LNG冷藏车冷源。对于LNG冷藏车,液化天然气具备两种用途:既是冷藏车的动力燃料,又是车厢保温的冷量来源。LNG 冷藏车的优点是:与机械式冷藏车相比,省去了压缩机、冷凝器、蒸发器和节流装置等制冷部件,减少了制冷系统负重,而且使结构得以简化,降低初期投资和维护成本,同时消除了由机械制冷产生的噪声污染。其缺点是:冷量回收装置与动力系统相连接,维修不便,冷量难以控制。

(4)冷板冷藏车又称蓄冷板冷藏车,它是将蓄冷板在冷库中预冷冻结后移至冷藏车中,然后在储藏或运输途中利用蓄冷板中的共晶冰融化吸收外部热量,使厢体内部温度保持在货物的适宜范围。冷板冷藏车的优点是:初期投资及冷藏运行费用低,无噪声污染。其缺点是:不适用于超长距离运输冻结食品,蓄冷板占据有效容积,冷却速度慢。

4.3.1 冷板冷藏车

普通保温车本身不带制冷机组,不具备长途储运新鲜果蔬或冷冻货物的能力,只可作为一种冷冻货物的短途运输工具;机械式和其他几种形式的冷藏运输车,有的制冷机组价格昂贵,且长途运输过程中故障率高,有的则需要在货物运输过程中支付较多的运营费用。随着地球资源的日益匮乏和国家法规对节能减排的严格要求,节能环保型的冷板冷藏车将成为冷藏运输工具发展的主攻方向。

冷板冷藏车最初的形态是加冰冷藏车,车体顶部有六七个冰箱,通过向冰箱内加入不同比例混合的冰盐和冰的混合物,以此降低货物运输车厢内的温度,达到货物有效保鲜的目的。美国人在 20 世纪 40 年代发明了冷板制冷技术,自 70 年代爆发石油危机之后,节能环保的冷板制冷技术才被重视起来。到 20 世纪 70 年代末,美国的食品冷藏运输工具中有 70% 被冷板汽车和冷板集装箱占据,此后冷板技术还应用于冷藏船舶运输;冷板制冷技术在日本也得到了较为迅速的发展,至 20 世纪 70 年代末冷板冷藏车已经在冷藏运输工具中占有很大的比例;欧洲是在 20 世纪 80 年代开始应用冷板制冷技术的,首先是意大利将其应用于冷藏集装箱,建造了冷板集装箱;我国是在改革开放初期引进的冷板制冷技术,最初是应用于铁路运输,铁路部门研制了第一代和第二代冷板冷藏运输火车,其中,第一代冷板车由地面充冷,第二代冷板车是自带机组完成冷板充冷过程,20 世纪 90 年代的中国香港开始出现冷板冷藏车,图 4-8 所示为冷板布置示意图。

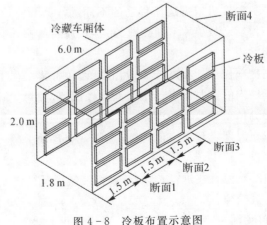

图 4-8 冷板布置示意图

4.3.2 冷藏车的制冷方式

对冷藏车来说,制冷装置所采用的制冷方式以及对厢内温度的调控是其关键的环节。蓄冷技术按蓄冷介质主要可分为水蓄冷、冰蓄冷、共晶盐蓄冷等几种。水蓄冷为显热蓄冷,冰蓄冷和共晶盐蓄冷为潜热蓄冷。

(1)水蓄冷是显热的蓄冷方式。其投入使用较早,设备简单,运行和维护方便。

(2)冰蓄冷存在高相变潜热值,可储存大量冷量。冰蓄冷可提供低温冷冻水,冷风的供应可以减小风扇功率。冰蓄冷过程中蓄冷槽温度较低,须加强保冷防潮措施,而且蓄冷系统设计复杂,操作技术要求相对较高,增大了蓄冷设施的费用。

(3)共晶盐蓄冷是一种广泛应用于实际生活中的蓄冷方式。相变蓄冷材料主要由水和无机盐组成,其中添加适当的成核剂和稳定剂。共晶盐蓄冷具有较大的导热系数和较小的过冷度,不存在相分层或相分层现象较小;对人体及环境无毒无害;原材料价格低廉等优点。共晶盐蓄冷技术能使蓄冷式冷藏车达到低温恒温的状态,因此共晶盐蓄冷应得到更广泛的开发和应用。

蓄冷系统可以根据制冰方式的不同分为不同类型,图4-9所示为蓄冷系统按制冰方式不同进行的分类。

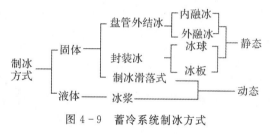

图4-9 蓄冷系统制冰方式

4.3.3 蓄冷板在冷藏车内的布置

在相变材料的温度确定之后,蓄冷板的数量和布置主要取决于运送货物的多少和运输时间的长短。根据运送货物的多少选择车厢容积,可将冷板冷藏车划分为微型冷藏车、轻型冷藏车、中型冷藏车和重型冷藏车等几种。微型冷藏车仅需在车厢内壁前端安装1块蓄冷板,轻型冷藏车需要安装2~3块蓄冷板,中型冷藏车需要安装3~5块蓄冷板,而重型冷藏车则需要至少安装6块蓄冷板,当厢内采用2块以上冷板时,厢内两侧壁安装的冷板应该对称布置。

对于车上不带制冷机组的冷板冷藏车,需要依靠地面充冷站对蓄冷板进行充冷,蓄冷板内的盘管接口应靠近冷藏车厢开门处,方便蓄冷板的盘管接口与制冷机组的接口对接,蓄冷板在车厢内部的布置如图4-10所示。

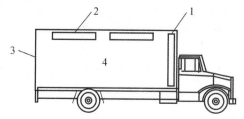

图4-10 蓄冷板在冷藏车内的布置
1—前置蓄冷板; 2—顶置蓄冷板; 3—后开门; 4—冷藏空间

冷板冷藏车按照车厢内部空气流动方式不同，分为自然对流式和强制通风式两种。自然对流式利用车厢内部的空气温差，形成自然对流，使得厢内温度趋于均匀；强制通风式的车厢内部装有风机，通常位于冷板的一端，强制车厢内部的空气流动，加快车厢内部温度趋于均匀的速率。

蓄冷板所能提供的制冷量取决于车厢体的传热系数、传热面积、环境温度及保温时间等因素。考虑对蓄冷板的装卸和运输方便，对蓄冷板进行设计时每块蓄冷板的最大质量应不超过100 kg，厚度应在50～70 mm之间。而对于部分竖直放置的蓄冷板，由于充冷时下部的相变材料先行冻结，设计时蓄冷板的长度要大于其高度。

4.3.4 冷藏车车厢门及附件

冷藏车的车厢门与厢式零担运输车的车厢门相比要复杂很多，这是由于两者的用途和使用条件相差较大。

隔热车厢门在装卸作业时，成为装卸冷藏货物的进出通道，而在运输途中它却成为厢壁的一部分。因此，对车厢门的主要要求是开启自如、装卸方便、关闭可靠、密封良好，具有适度的强度、刚度和预期的使用寿命。此外，车厢门开启度还应符合交通规则。

车厢门的结构形式很多，可以从不同角度进行分类，按车厢安装位置分有后门、侧门等，按门的开启方式分有铰链式、折叠式、卷帘式和拉移式等，按车厢开启角度分有小开门、中开门及大开门，按车厢门数分又有单门式和双门式等。另外，还有由几种不同形式的车门组合而成的复合式车厢门。

车厢门的宽度和高度尺寸主要取决于门框的结构尺寸、门与门框的配合间隙、门的数量和门的结构形式等；门的厚度应与厢壁厚度一致。门与门框配合间隙应根据门的结构和密封条的断面形状进行选择。对于铰链式结构车厢门，其配合间隙一般为10～20 mm。

车厢门附件主要有门铰链和门锁机构，具体布置形式如图4-11所示。

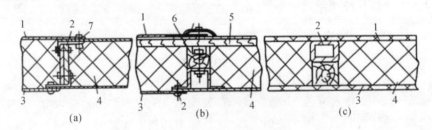

图4-11 几种断热桥的结构
(a)分片拼装式； (b)整体骨架式； (c)预制复合板式
1—内蒙皮； 2—主、副骨架； 3—外蒙皮； 4—隔热材料； 5—胶合板； 6—压条； 7—抽芯铆钉

车厢外附件主要包括门梯（或称脚踏板）和工作梯。由于车厢地板距离地面的高度为1 000 mm左右，所以，在车厢门下面设置门梯可以方便人员上下和货物装卸。对于机械式冷藏车，还须在车厢前壁与侧壁结合部位附近安装工作梯并在驾驶室上方空间处安装踏板，以方便对制冷机组进行检修。

门梯和工作梯分为活动式和固定式两种。活动式灵活方便，但结构比较复杂；固定式简单、可靠，但占据的空间较大。

车厢内附件主要有挂钩和挂轨等。装运肉类胴体时,为保证运输食品不变质,须使厢内空气保持良好的流通,将胴体挂置在厢内。为此,在厢内顶板上装置了挂轨,挂轨上安装了挂钩。挂钩可在挂轨上固定或沿挂轨移动。为防止胴体因其惯性力作用而发生摆动和滑动,一般在厢内两侧壁之间连有栏索,将胴体沿车厢纵向拦成几个区域以引导厢内空气沿正确方向流动,使厢内温度趋于均匀。通常在厢内前壁、侧壁和后门内板上装有导风条,导风条截面一般为矩形和梯形。四壁导风条还起保护厢壁不被货物撞伤的作用。车厢底板上面通常铺装异形铝合金地板,它具有防滑、干燥、清洁、储水和排水等作用。导风条和异形地板结构如图 4-12 所示。

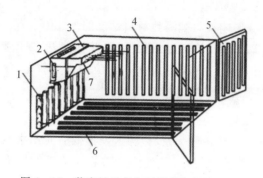

图 4-12　装有导风条和异形地板的内视图

1—前挡风条；　2—回风口；　3—制冷装置；　4—侧挡风条；　5—车厢门挡风条；　6—异形地板；　7—送风口

4.3.5　冷藏车保温材料

保温材料一般指的是导热系数≤0.2 W/(m·K)的材料。据相关的统计数据表明,在建筑与工业工程中,如果每使用 1 t 矿物棉热制品(1 种保温材料)来进行保温,每年可以节约 1 t 石油。因此,在建筑与工业中为了更有效、更节能地进行工程作业,良好的保温技术与保温材料的应用是非常重要的。

当今,欧美多个国家主要是以轻质的多功能复合浆体保温材料为主进行浆体保温材料的开发与研制。这种轻质多功能复合浆体保温材料的各项性能系数(使用安全性、耐久性及较低的导热系数等)较以往传统浆体保温材料都有了很大程度的提高。与此同时,在功能方面,这种轻质多功能复合浆体保温材料也有着出众的表现。例如无氟利昂阻燃型聚氨酯泡沫复合浆体保温材料和超轻质全憎水硅酸钙浆体保温材料,在不同的使用条件下均可满足要求。当然,为了更大限度地节约资源并同时尽可能地不危害环境,西方发达国家也在努力尝试开发"绿色"保温材料,主要体现在原材料的准备(开采或运输)、产品的生产与使用,以及日后的处理问题等方面。

在 20 世纪 80 年代以前,只有少数厂家能生产一些保温材料(如膨胀珍珠岩、矿渣棉、膨胀蛭石、微孔硅酸钙及超细玻璃棉等产品),发展非常缓慢。在当时,矿棉厂很少,其生产能力很弱,生产散棉、硅酸钙绝热材料的厂家更是少数,由于这些原因,使得产品的数量、质量都无法满足市场需求。

在国内对于保温材料的生产基本都是小作坊式,由于技术太过落后,所以从欧美国家逐渐引进了生产线,该生产线的工艺技术较为先进,生产出的一些保温材料——速溶速甩成纤与干法针刺毡,可耐温高达800~1 250℃。

目前,国内外冷藏车普遍使用的隔热材料主要有聚氨酯泡沫、聚苯乙烯泡沫和挤塑聚苯乙烯泡沫等三种。

1. 聚氨酯泡沫

聚氨酯泡沫是应用最广的优良隔热材料,是以聚酯树脂或聚醚树脂和甲苯二异氰酸酯或二苯基甲烷二异氰酸酯或聚次甲基聚苯基异氰酸酯为主要原料,再按一定比例加入发泡剂、催化剂、泡沫稳定剂等,在适宜的温度下经发泡所制成的泡沫塑料。该泡沫导热系数为 0.037 W/(m·K),抗压强度为 2.0 GPa,抗拉强度为 2.5 GPa,与钢板粘接力达 2.9 GPa,与胶合板粘接力为 1.4 GPa。影响聚氨酯隔热材料性能的主要因素有泡沫密度、气泡孔径、气泡独立率、环境温度及湿度等。因为其导热系数低、隔热性能好、强度高,所以适合用注入式发泡、粘接和喷涂等工艺制作冷藏车厢体,目前被广泛应用于冷藏车、保温车制造业;另外,聚氨酯泡沫也是冷库围护结构理想的隔热材料。

2. 聚苯乙烯泡沫

聚苯乙烯泡沫是以聚苯乙烯树脂为基料,加入发泡剂后先用水蒸气加热形成有无数微小气孔的发泡小球,并在常压下进行熟化(预发泡),再将熟化后的发泡小球放入模具中进行加热,使其彼此融合成具有微细闭孔结构的硬质泡沫塑料。该泡沫质松、隔热性能好、吸水性小、耐低温性能好、易于切割,但只能采用粘接工艺来制作车厢隔热层,在西方国家已基本被淘汰,但因价格便宜,国内个别小厂仍在使用。与聚氨酯泡沫制作的冷藏车车厢相比,达到同样的保温效果,若使用聚氨酯泡沫,其厚度为 50~120 mm(机械式冷藏车),若选用聚苯乙烯泡沫,其厚度需增加20%左右。

3. 挤塑聚苯乙烯泡沫

挤塑聚苯乙烯泡沫是由聚苯乙烯树脂及相应添加剂经挤压成拥有连续均匀表皮及闭孔式蜂窝结构的保温材料,这些蜂窝结构互联壁具有一致性的厚度,不会出现孔隙,从而杜绝了普通发泡出现断裂孔隙的现象。该泡沫具有高抗压强度、低导热系数、低吸水率、低水蒸气渗透和寿命长等特点。目前,一些冷藏车生产企业,如英国 RVL 公司、美国 Kidron 公司、法国 Lcapitaine 公司,已经采用挤塑聚苯乙烯泡沫来生产制作保温车厢,不但隔热性能好,而且质量较轻。

除上述三种冷藏车隔热围护结构常用材料外,业内近年来还开发和研究出一种新型绝热材料——真空绝热板,该材料导热系数可达到 0.003~0.004 W/(m·K),而且其生产安装过程中不使用和产生消耗破坏臭氧层的物质,可以达到环保节能的目的。

4.3.6 冷藏车厢体制作技术

目前冷藏车厢体的制作技术可归纳为喷涂法、三明治复合法和整体灌注法三种形式。

国内较大的冷藏车(主要包括冷藏车和保温车)生产企业大都采用分片拼装的三明治复合法,如济南中集考格尔、郑州红宇、河南冰熊及镇江飞驰等,这些企业基本代表了我国冷藏车与保温车的生产发展水平,生产的冷藏车品种多、批量大、质量可靠,占据着国内市场的大量份额。

1. 喷涂法

喷涂法是将隔热保温厢体内骨架与外壳分别组装成型,然后采用聚氨酯喷涂专用设备进行现场喷涂发泡,使聚氨酯泡沫保温层与外壳形成无接缝的整体,再将内板安装并灌注成型。该工艺操作简捷、整体结构强、厢体密封较好、保温性能优良,适合于异性车厢的改造,而且能最大限度地节省车厢有效空间。

2. 三明治复合法

三明治复合法是用不饱和树脂胶将硬质聚氨酯泡沫切片板材、厢体内外面板粘接在一起,制成冷藏车厢板,再将各厢板拼接成冷藏车车厢。该工艺制作简单、外观平整好看、成本较低;但厢体的拼接是用密封胶进行封填的,因此其整体结构强度及保温性能相对要差一些。英国 RVL 和意大利 SARQUELLA 是采用该方法生产保温厢体在世界上有名的两大公司。

3. 整体灌注法

整体灌注法又分为厢体一体式灌注法和分片式灌注法。厢体一体式灌注法保温效果最好,但只适合容积较小的车厢,而且生产难度较大,现在很少采用。目前常用的是分片式灌注法,即把保温车厢分为两侧板、一顶板、一底板、前围护板和门板;先在高压模具中进行聚氨酯厢板的发泡制作,然后再按结构顺序进行拼接。对于分片式灌注法制作厢体时须采用密封胶粘接填缝,但严格的说冷藏车厢体保温层最好不出现接缝,由于密封胶与聚氨酯材质不同,所以接缝处是厢体保温性能及整体强度最薄弱的环节,会影响到保温效果和厢体的使用寿命。针对该问题,国内已有生产厂家予以解决:在冷藏车厢体设计之初预留灌注孔槽,在厢板拼接组装后用高压设备进行聚氨酯灌封,使其成为一个完整的整体。灌封的聚氨酯具有高密度、高强度、高粘接性等优点,克服了制作车厢时采用密封胶在拼接处产生脱胶的隐患,使厢体使用寿命达 10 年以上。

4.3.7 冷藏车发展趋势

随着冷藏行业的迅速发展,冷藏运输在各方面均将得到发展,其发展趋势主要表现在以下三方面。

1. 采用新材料、新技术

通过采用新材料、新技术来提高冷藏运输装备的热工性能,以保持易腐食品的质量并降低运输装备的造价和运输成本。如厢体隔热围护结构采用新型隔热材料——真空绝热板,以缓解冷藏运输行业能耗高的问题。另外,应广泛采用自动化、计算机、数字控制等新技术来优化冷藏运输设备结构,提高设备的可靠性和自动化水平,强化冷藏运输管理工作。

环保是当今世界性的主题,因中型和重型冷藏车所采用的独立制冷机组会产生较大的噪声和污染,其发展必将受到限制。而制冷机组所需的制冷剂和冷藏车厢体保温材料所需的发泡材料也都必须由对环境无污染的材料逐渐取代。另外,国内冷藏车厢体内壁普遍采用玻璃钢材料,而其中的玻璃纤维和树脂类等含苯类物质均对人体有害,都可能对冷藏运输食品产生二次污染,因此国际卫生组织规定,运输食品的车辆其厢体内壁必须采用不锈钢材料,以防止二次污染的发生。

目前市场上运营的冷藏车厢体漏热负荷较大,特别是在运输一定时期后,厢体隔热性和气密性会明显下降,能源浪费更为严重。因此,对于新型冷藏车,应该在提高厢体隔热性能方面下功夫,通过引进国际先进的隔热材料发泡技术和厢体制作技术,结合合理的隔热结构设计,来提高冷藏车的隔热性和气密性。车厢的热工性能越好,冷藏车的经济效益和社会效益就越佳。

2. 广泛使用冷藏集装箱

近年来,冷藏集装箱的发展速度非常快,因其具有装卸效率高、人工费用低、调度方便、周转速度快和运输能力大等优点,大大减少了冷藏运输损耗,被称为"可移动式小冷库"。目前,冷藏集装箱已逐渐国际标准化,具有国际通用性,广泛应用于铁路、公路、水路和空中运输中,实现了易腐货物的联运,是一种经济合理的运输方式。以往占主导地位的铁路冷藏车将逐步被冷藏集装箱所取代,这是冷藏运输的发展趋势,也指明了冷藏集装箱未来的发展前景。

3. 采用新的制冷方法

采用新的节能、环保类制冷方法和冷源来为冷藏车提供冷量。在冷藏运输装备上除了传统的机械制冷外,还有利用液氮、液化二氧化碳、液化空气等进行制冷。如采用液氮制冷系统,冷藏装备内部温度范围可控制在$-25 \sim -15℃$,而且温度稳定;液化二氧化碳制冷是向厢体内部直接喷射$-20 \sim -18℃$的液化二氧化碳来进行制冷;另外,还有采用向货物喷射液化空气来吸热以降低温度的方法,这些新的制冷方法使冷藏运输过程中温度的控制更为迅速、稳定,在将来的冷藏运输行业中必将得到广泛应用。

总之,随着食品冷藏链地位的不断提高,冷藏运输作为冷藏链中的重要环节,必将向着上述三方面并围绕保持食品品质、提高效率和节能环保方向迅速发展,冷藏运输的方方面面也将日趋完善。

4.4 集装箱运输车

4.4.1 集装箱运输车概述

专门用来运输集装箱的车辆就是集装箱运输车。集装箱运输车是一种将品种众多、形状各异、大小不等的货物在运输前装入标准尺寸的特制箱内以便于水陆空联运的运输方式,它能实现装卸、运输机械化及标准化,是传统运输方式上的一项重大改革,是交通运输现代化的重要组成部分。20世纪60年代以来,集装箱运输在许多国家得到了迅速发展,现在已成为国际运输中重要的运输方式。

从物资流通的过程来看,在多数情况下,汽车总是担负着物资的起始运输和最终运输。也就是说发展集装箱运输必将推动汽车集装箱运输的发展,否则整个流通领域的集装箱运输都会受到制约。因此,随着我国国民经济产值的增长、汽车工业的崛起和公路条件的改善,特别是高等级公路的兴建,集装箱运输的发展将越来越快。图4-13所示为能装一个12 m集装箱或两个6 m集装箱的半挂汽车列车。

4.4.2 集装箱组成

集装箱运输车车厢由箱体、箱内货物及紧固件等组成,箱体的组成部件如图4-14所示。

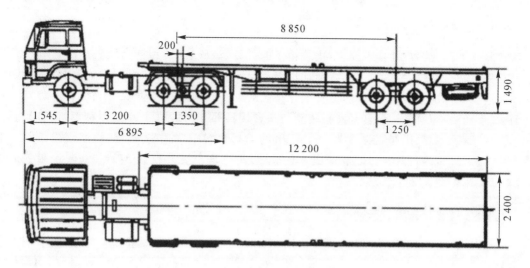

图 4-13　12 m 集装箱半挂汽车列车(单位:mm)

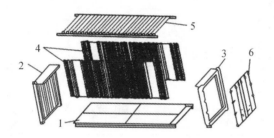

图 4-14　钢制集装箱箱体组成部件图

1—箱底部件；　2—前端壁部件；　3—后端框架部件；　4—侧壁部件；　5—箱体上部件；　6—箱门部件

箱体结构特点和设计要求为形状为箱形的六面体,可分为固定式和折叠式两种框架承载,高强度钢制造,抗拉强度≥500 MPa。

箱内货物紧固件:吊装角件,便于吊装与连接焊接底架,设置叉槽便于装卸。要求紧固货物要方便、可靠,保证货物安全。

紧固件种类有固货栓、带棘轮的尼龙带、软垫和带棘轮的钢丝绳。

4.4.3　集装箱车设计原则

在总体设计中首先将安全性和经济性置于首要考虑的因素,车辆应具有较好的可靠性与优良的动力学性能,技术参数与技术经济指标先进合理,并便于日常维护,在保证应有的工作能力和运行安全的情况下降低运营支出,扩大运输服务范围。一是在对国内外既有车型运用情况、结构特点、装卸货功能等综合分析的基础上,确定该车的技术参数和结构方式,使技术经济指标先进合理;二是运用安全可靠,方便检修;三是操作简单、方便、安全、高效,符合人机工程及人性化设计要求;四是对车体外观及车体附属件进行工业化设计;五是产品设计与工艺设计协同进行,产品设计具有良好的工艺工程性,符合标准化、通用化、精益化设计要求,便于制造、检测及规模化生产。

4.4.4 集装箱车设计目标

按照澳大利亚客户的技术要求,集装箱车的设计、试验、制造和产品质量全面达到领先水平。首先,该车不仅可装运两个具有活动顶盖和自卸功能的粮食漏斗集装箱,还可作为集装箱平车装运国际标准集装箱。其次,粮食漏斗集装箱的活动顶盖以风动形式开闭,卸车方式以风动为主、手动为辅。再次,粮食漏斗集装箱与粮食接触部分均采用 T4003 不锈钢材料,集装箱平车主要承载结构采用屈服强度为 450 MPa 的 Q450NQR1 高强度耐候钢,型钢以自制压型件为主,以减轻车辆自重并降低制造成本。最后,车体符合澳大利亚 ROA Plate B 限界的规定,车体使用寿命达 30 年。

4.4.5 冷藏集装箱有关标准

(1) ISO 6346—1995《集装箱代码、识别和标记》;GB/T 1836—2017《集装箱代码、识别和标记》。

(2) ISO 668—1995《系列 1 集装箱分类、尺寸和额定质量》;GB/T 1413—2008《系列 1 集装箱分类、尺寸和额定质量》。

(3) ISO 1161—2016《系列 1 集装箱角件的技术条件》;GB/T 1835—2006《系列 1 集装箱角件》。

(4) GB/T 7392—1998《系列 1 集装箱的技术要求和试验方法保温集装箱》。

4.5 其他厢式车辆

4.5.1 图书馆车

图书馆车是为图书馆运输图书而设计生产的,具有体积小(方便穿行书架之间)、层数多(尽可能地多装图书)及美观实用的特点,如图 4-15 所示。

图 4-15 图书馆车

图书馆车以中型客车为载体,内设书架,配备包括笔记本电脑、投影仪、监控器等先进设备在内的自动化管理服务系统,一般提供1 000~4 000余册图书以供借阅,采用无线上网现代技术手段,与中心图书馆互连实现通借通还,并可现场办证、查询、下载所需信息。图书馆车流动到各个点,方便市民就近借阅。根据服务网点的不同情况,为读者分别提供集体外借、个人外借等形式的流通服务。它打破地域的限制,通过现场借阅、集体借阅和阅读辅导,利用汽车将图书、期刊、多媒体视听资料源源不断地送进社区、学校、特殊教育单位及边远山区。图书馆车流动到人员密集的工厂区和暂时没有公共图书馆的街道、社区,开展定时定点服务。

图书馆书车分为平板书车和V形书车,其中平板书车分为2层平板书车和3层平板书车,V形书车分为2层V形书车和3层V形书车。

4.5.2 消防车

消防车又称为救火车,是指根据需要,设计制造成适宜消防队员乘用、装备各类消防器材或灭火剂,供消防部队用于灭火、辅助灭火或消防救援的车辆,包括中国在内的大部分国家的消防部门也会将其用于其他紧急抢救用途,其结构为典型的厢式车辆结构,如图4-16所示。

图4-16 消防车

消防车可以运送消防员抵达灾害现场,并为其执行救灾任务提供多种工具。现代消防车通常会配备钢梯、水枪、便携式灭火器、自持式呼吸器、防护服、破拆工具以及急救工具等装备,部分的还会搭载水箱、水泵、泡沫灭火装置等大型灭火设备。多数地区的消防车外观为红色,但也有部分地区消防车外观为黄色,部分特种消防车亦是如此,消防车顶部通常设有警钟警笛、警灯和爆闪灯。常见的消防车种类包括水罐消防车、泡沫消防车、干粉消防车、远程供水消防车、举高类消防车和云梯登高消防车等。

消防车种类多样,功能复杂,可依据不同的标准进行分类,其中按消防车底盘承载能力分类包括微型消防车、轻型消防车、中型消防车以及重型消防车;按外观结构可分为单桥消防车、双桥消防车、平头消防车和尖头消防车;按灭火剂分类又可分为水罐消防车、干粉消防车和泡沫消防车等。

4.5.3 邮政汽车

邮政汽车是邮政公司保证将邮件及时安全地送达用户的手中的一种专用车辆,世界上最早的邮政汽车是 1897 年 10 月 17 日英国的不列颠发动机辛迪加公司给邮电部提供试用的戴姆勒汽车,典型邮政汽车的结构如图 4-17 所示。

图 4-17 邮政汽车

邮政汽车装配调整和外观质量应符合以下要求。

(1)邮政汽车所属零部件应齐全完整、装配正确、连接牢固。

(2)邮政汽车车体应周正,车体外缘左右对称部位高度差应≤40 mm;车厢的纵向中心平面相对于底盘的纵向中心平面在车厢全长范围内的偏移量≤5 mm;车厢外表面不应有明显磕碰、擦划伤痕。

(3)邮政汽车车厢体颜色应采用浅色(如白色、银灰和淡蓝色等),其左右两侧应喷涂深色(如黑色、墨绿和靛蓝色等)"邮政"字样。

(4)外露钣金件表面应平整、无明显变形及凹凸不平。

(5)焊接件应符合 JB/T 5943—1991 的规定,焊缝应均匀、平直,无夹渣、气孔、咬边、飞溅、裂纹、焊穿和漏焊等缺陷。

(6)外露黑色金属件均应进行防腐处理;镀层及化学处理层应符合 QC/T 625 的要求,油漆应符合 QC/T 484 的要求,油漆涂层应附着牢固,漆膜色泽均匀、光滑平整,无流痕刷痕、鼓泡、发花、针孔、裂纹、皱皮、露底和颗粒等缺陷。

(7)联接件、紧固件应连接可靠,拧紧力矩应符合相关技术要求。

(8)铆接应牢固,铆钉排列整齐,铆钉头部不允许有裂纹、偏斜、残缺现象,铆钉头与母体金属贴合。

(9)电路管线应夹持牢固,排列整齐;导线穿过金属孔洞应加以防护;管线不应与运动部件发生摩擦或干涉。

(10)邮政汽车外部和车厢内部不应存在锐边、尖角或其他危险凸出物。

复习思考题

1.简述厢式零担运输车的概念和厢式零担运输车车厢的结构组成。

2. 制冷方式有哪些?其中应用最为广泛的为哪两种,为什么?
3. 简述城市救护车医疗舱尺寸设计要求。
4. 目前应用最广泛的隔热材料有几种?它们各有什么特点?
5. 冷藏车集装箱设计标准有哪些?
6. 集装箱运输车与普通载货汽车有何区别?

第5章 航空专用车辆

5.1 飞机牵引车

5.1.1 飞机牵引车的用途与分类

飞机牵引车是用于牵引或顶推飞机的作业车辆,是现代机场必不可少的一种地面保障设备。利用飞机牵引车移动飞机,能够节省飞机燃料、减少噪声和排气污染、降低飞机发动机的磨损和消耗。机场内为飞机提供保障服务的车辆多达十几种,其中较为复杂的是飞机牵引车,原因在于其作业过程始终与飞机联接,且飞机处于运动状态,这是飞机牵引车与其他专用车辆的最大不同点。飞机牵引车有不同种类,但从飞机牵引车的整个发展过程看,传统飞机牵引车(即有杆牵引车)出现最早,延续时间最长,目前保有量也最大,影响着整个飞机牵引车行业的发展。

1. 飞机牵引车的产生

飞机牵引车作为航空专用车辆经历了数十年的发展,目前已成为飞机地面保障领域的重要设备。飞机牵引车是航空工业发展的产物,其产生和发展同航空工业发展紧密相关。航空工业发展初期,飞机结构简单,两三个人即可用手移动飞机;后来随着飞机数量的增加和使用频率的提高,尤其是中、大型飞机的诞生,促使人们利用机械动力替代人力。利用机械动力移动飞机,首先想到的是当时社会已有的车辆,因此,早期的飞机移动都是借用其他车辆代行牵引车职能,如第二次世界大战期间,就使用农用拖拉机牵引飞机。代用车辆是从人力到专业飞机牵引车的一种过渡,从技术和安全层面看,它具有一定的局限性;同时随着飞机的越来越大,其弱点就更加突出。目前虽仍有一些国家的机场在使用一些代用车辆,但用量越来越少,且一般都用于牵引中小型飞机。

飞机牵引车由代用车辆发展到专用车辆是一种必然,专用车辆既能保证专业作业水准,又能提高作业效率,而且可以提高牵引车对飞机的适应能力,更进一步满足飞机牵引的需求。

2. 飞机牵引车的种类

按其牵引飞机方式的不同,飞机牵引车可分为传统牵引车(即有杆牵引车)和无杆牵引车两种。传统牵引车通过牵引杆与飞机相联,牵引杆独立于飞机和飞机牵引车;无杆牵引车取消了牵引杆,利用自身带有的夹持提升装置直接与飞机相联。传统牵引车出现较早,拥有量较大;无杆牵引车的出现,打破了传统牵引车一统天下的局面,加上近年来发展迅速,使得传统牵引车受到很大冲击,同时技术也受到促进。传统牵引车必须更加完善,充分挖掘已有及潜在的特色和优势来回应无杆牵引车的冲击,这势必又会进一步促进传统牵引车的发展。

3. 民用与军用飞机牵引车的区别

飞机牵引车必须服从飞机的需要,飞机使用方式的不同对飞机牵引车的要求也会不同。例如,军用和民用飞机因使用方式不同,使得其所用牵引车的设计理念有所不同,造成了其结构上的差别。

在民用机场,机型较多而同一机型数量较少,牵引车最好能适用不同种类、不同轻重的飞机。因此,关注较多的是高专业水准的牵引车如何适用于多种飞机,即民用飞机牵引车在设计上应多考虑对不同质量和不同体积的飞机的适应程度。这种适应方式可称为多机种保障适应性,它强调一车服务于多个对象,能够为多种飞机提供专业、高水平的牵引服务。

军用机场地面保障一般针对编队飞机,其飞机数量大且种类相对单一,这要求保障设备灵活机动,一车多用。牵引车除具备牵引功能外,还要考虑人员、工具运输等问题,通过拓展其服务保障功能范围,来提高飞机牵引车的利用率并减少保障车辆的种类。这种通过集多功能于一身来提高对主要保障飞机的适应性,可称为多功能保障适应性,它强调一车具有多种保障功能。

无论哪种方式,其主导思想均为拓展功能范围,以最少的设备实现最多的功用。

5.1.2　飞机牵引车的形式与结构特点

1. 飞机牵引车形式的变迁

(1) 动力源的变迁。早期的飞机牵引车与其他车辆一样,大多以内燃机作为动力装置,且以柴油机居多。目前大型传统牵引车的动力仍以柴油机为主,中小型传统牵引车的动力已出现多种形式。现代的飞机牵引车不仅有内燃机、电动机驱动方式,而且出现了混合动力。

为了克服内燃机排放污染、电动车辆比功率和比能量低的缺点,人们开始把目光转向混合动力技术等新的驱动方式。1999 年第一辆混合动力飞机牵引车开始在美国使用,该牵引车设计用来牵引满载质量超过 80 t 的美国空军 C-130 运输机,该牵引车最大牵引能力超过 10 t。该车采用康明斯 5.9 L 柴油机和 100 kW 交流电机组成混合动力装置,可以实现超低排放。用电源对铅酸电池充电 1 次,能保证柴油机在不工作状态下牵引车可连续作业 2 h。

(2) 传动方式的改变。根据传动方式的不同,传动装置分为机械传动、电力传动和液体传动,其中液体传动又分为液力传动和液压传动两种,飞机牵引车的传动方式也离不开这几种。早期的牵引车采用机械传动的较多,纯机械传动的现已基本退出了使用舞台,使用电力传动的也不多。目前飞机牵引车主要采用的是液力传动和液压传动,而且有向后者发展的趋势。

牵引车并非孤立地发展,它要受相关基础工业发展的影响,其设计和生产与当时相关行业的发展密切相关。选用已有的成熟原器件,或对已有部件改进提高也是开发牵引车产品的一种思路,液力传动的广泛使用与此有直接关系。液压技术的发展为飞机牵引车提供了另外一种更为合适的传动技术,由变量液压泵、液压马达和控制系统构成的液压传动装置较之液力传动来说具有更宽的无级调速范围、更好的动力制动特性、更优越的过载保护和连续变换输出转向的能力,这提高了液压传动在牵引车行业使用的广泛程度。

由于液压传动通过柔性管道联接,使得结构布局灵活方便,特别适用于飞机牵引车所强调的车身低矮、轴距短的要求。电力传动也有此特点,而且不存在漏油污染问题,铺设导线也比管道更为方便,但受电机的比功率、电池寿命等因素的影响,电力传动目前还只用于中小型牵引车。

(3)设计思想的进步。飞机牵引车的设计更加人性化是传统牵引车的重要进步。现代的飞机牵引车外形均比较低矮,以便在飞机机翼下乃至机身下穿行,因此,驾驶室也必须布置得很低。驾驶室一般位于车前方,较低的驾驶室势必影响驾驶员向后的视野,为此除采用尽量降低车身高度、在车身后部开凹槽和设置反光镜等措施外,对驾驶室和驾驶操作也采用了一系列不同的设计方案。如根据具体车型采用升降驾驶室、前后驾驶室(台),或在驾驶室中改变驾驶方向实现前后驾驶,有的牵引车为了方便使用,还可以实现车下控制或遥控。此外,在一些细微之处也能体现人性化,如牵引拴处加反光镜或电子监视装置,在车顶加防滑贴板等。

借鉴其他领域成功的技术经验,促进了传统牵引车水平的提高。多转向模式的设计思想使得牵引车更加方便实用,除常规的前轮转向外,还可以通过液压系统的切换实现后轮转向、四轮同心转向和四轮"蟹行"转向。驾驶员可随意选择前桥转向、后桥转向、前后桥共同转向方式,以适应不同作业的要求。传统牵引车越来越多地采用四轮驱动的布局,在同等车质量和地面状况下,四轮驱动牵引车的牵引力等多项性能指标均比两轮驱动的牵引车好。如在大牵引力负荷和冰雪路面上,驱动型导向轮的抗侧滑能力和转向稳定性都比非驱动型好得多。此外,先进的计算机控制、控制器局域网络(Controller Area Network, CAN)总线等技术及相关产品也逐渐开始应用到传统牵引车上。

2.传统飞机牵引车的特点

传统飞机牵引车的特点是保持其存在与稳步发展的关键,也是其他牵引车所不具备的。相对于无杆牵引车,其具有以下优点:

(1)自身没有用于操作飞机轮的夹持提升装置,整机无论是结构还是控制及驱动都相对简单,生产成本较低;

(2)不直接与飞机接触,不用考虑与飞机连接装置的适应性问题,只要牵引力合适,有相应的牵引杆,就可以牵引飞机;

(3)由于有高度相对不受限制及自质量可以较大的优势,为其他保障设备与己集成为一体、扩展自身保障范围提供了便利条件;

(4)不但能够牵引飞机,还可以牵引其他设备,运送人员、器具,能够方便地实现一车多用。

3.传统飞机的牵引杆

牵引杆是传统牵引车牵引飞机必须使用的器具,该器具是用一根刚性的中间带有缓冲和剪切装置的联接杆,其一端连接在飞机的前起落架上,另一端连接在传统牵引车上。尽管牵引杆与前起落架的连接方式大同小异,但由于飞机前起落架挂点结构型式不同、销孔的尺寸不一,所以每一机型都有自己特定的牵引杆,不能互换。

传统飞机牵引车利用牵引杆牵引飞机时,根据飞机的不同,又有单点牵引和三点牵引之分。单点与三点的含义是指传统牵引车牵引飞机时飞机上受力点的数量。单点牵引即常规的牵引方式,是通过牵引杆将牵引车传递来的牵引力直接作用在飞机的前起落架上,牵引、顶推及转向等作用力均由前起落架独自承担;三点牵引中,除牵引杆与前起落架相联外,牵引杆上还有两根钢索分别与两个主起落架相联,通过牵引杆作用在前起落架上的力只负责转向,牵引力通过钢索传递到飞机的主起落架上,使主起落架受力而拖动飞机。三点牵引时,不仅要操纵前起落架,还要操纵主起落架。用于三点牵引的牵引杆结构较常规牵引杆复杂,是在常规牵引杆的基础上加了一套钢索、滑轮和铰盘等操纵机构。

5.1.3 无杆牵引车的结构与原理

1. 无杆牵引车技术的应用现状

飞机牵引车是一种服务性产品,它的存在和发展与飞机产品的发展紧密相关。每出现一种新的飞机机型,就为牵引车产品的发展创造一次契机。2005年空中客车公司A380的面世,又为飞机牵引车生产厂家提供了新的发展机遇,因此,全球有实力的生产企业都在积极迎接新的挑战。

TLD公司捷足先登,2004年就将为A380研制生产的两辆TPX-500S无杆式飞机牵引车运抵空客在法国Toulouse的装配厂,在2005年1月18日举行的有法、英、德、西班牙等国的首脑出席的A380揭幕典礼上初显身手。GHH公司也在自己原有的AM500型无杆飞机牵引车的基础上研制出XL版的AM500(即AM500-XL)来满足从事牵引A380作业的需要。Goldhofer公司最新推出了AST-1X系列无杆飞机牵引车,其行走装置为6轮结构以提高驱动和承载能力,2005年6月已有两辆飞机牵引车运到空客公司位于Hamburg的一个相关部门。Douglas公司为了抢占市场,2005年开始将TBL-600型无杆牵引车作为TBL-400的加大型,首先用于商业航线。为了适应A380的使用需要,在结构尺寸上TBL-600比TBL-400加宽400 mm,加长600 mm。

大型无杆飞机牵引车围绕A380飞机在提高技术、增加品种的同时,中小型无杆飞机牵引车也在发展,其主要表现为电动牵引车工作动力的增加、联机装置性能的提高及牵引车结构的小型化。

以电作为动力的中小型无杆牵引车出现了新的变化,具体表现在电动牵引车向高功率方向发展。这不仅体现在一直以电动无杆飞机牵引车为主导产品的Lektro公司的牵引车上,也表现在那些主营常规动力牵引车的公司的产品上。早期的步行式飞机牵引车驱动电机的功率仅为7.5 kW,而目前的新型电动无杆牵引车驱动电机的功率已达20 kW。

中小型无杆牵引车在结构上也有了一定的进展,主要表现在夹持装置上。重点解决对接方便,增加夹持装置对飞机起落架的友善程度,提高对多种机型的适应性和牵引飞机的安全性问题。如TBL-25型无杆飞机牵引车,其夹持装置在保证实现以往TBL系列牵引车夹持装置的功能外,还能水平旋转一定的角度,以确保前起落架的安全性及对接的方便性。

无杆飞机牵引车要尽量降低车身高度,最新款式的小型无杆牵引充分体现了这一思想。其改变了常规牵引器、牵引车的操作方式,取消了牵引车的操作台或牵引器的操纵杆,利用线控或遥控方式实现各种作业,使得整车结构紧凑、车身低矮,整车高度不超过400 mm,极大地提高了适用性,可用于多种小型飞机和直升机。

随着我国航空业的发展,机场地面设备的市场越来越大,国际上几个较大的飞机牵引车企业都在竞争中国的市场。而由于飞机牵引车在我国研制生产的历史较短,生产能力比较薄弱,国产产品的品种、作业能力还很难完全满足需求,民用机场用的牵引车还不得不主要依靠进口。近些年,无杆飞机牵引车使用量逐渐增加,国外生产厂家的产品在我国的一些机场大量使用,如Douglas公司的TBL-180、Goldhofer公司的AST-3用在北京首都国际机场,FMC公司的 Expditer 300 用在广州白云机场等。

我国目前只有北京、山东、无锡等几个省、市的少数几家企业生产飞机牵引车。产品主要用于中小型飞机,国产传统型牵引车牵引力在 200 kN 以上的车型很少,无杆飞机牵引车产品都集中在牵引力 80 kN 以下。国产无杆飞机牵引车虽然起步较晚,但近几年发展迅速,目前国产无杆飞机牵引车从大到小已逐渐形成系列,产品可以覆盖现役的 120 t 以下的大部分飞机机型。液压驱动、双向驾驶及适应多机型是这类牵引车的共同特点,内燃机是其主要动力源。其他动力形式的无杆飞机牵引车也在研制之中,近期已出现了电动无杆牵引车产品。虽然国产无杆飞机牵引车的覆盖范围、作业能力等方面与国外产品还有一定的差距,但在结构性能上的差距逐渐在减小,国产产品的某些结构、性能已达到甚至超过国外同类产品的水平。

2. 无杆牵引车的特点

无杆牵引车取消了与飞机相连接的中间环节——牵引杆,利用本身具有的特殊装置直接与飞机起落架上的机轮相作用,导致牵引车的动力学特性发生了变化,具有车辆与飞机附件的双重属性。无杆牵引车不与飞机连接时,作为一独立的车辆,具有牵引车辆的一切特征;与飞机连接后,则变为飞机的一个附属部分,应具有飞机附件的特性。

传统飞机牵引车与飞机相连接是通过牵引杆来实现的,牵引杆独立于飞机和飞机牵引车,牵引车与飞机连接过程中,必须由一专人负责牵引杆的挂接作业;而无杆牵引车是将牵引杆及负责牵引杆挂接的人的作用集成到牵引车的一个特殊装置——联机装置上。根据联机装置的存在与否,便可确定该牵引车的类别,带有上述特殊装置的飞机牵引车即为无杆飞机牵引车。

飞机无杆牵引技术主要指无杆牵引车技术,即依靠自身特别设计的夹持举升装置,将飞机前起落架夹持住并拖向牵引车托盘,再将其提升至距离地面一定高度,飞机呈"匍匐"姿态被驮在牵引车上行驶,如图 5-1 所示。

图 5-1 结合状态下的无杆牵引车

与采用牵引杆的传统飞机牵引方式相比,无杆牵引技术具有以下优点:

(1) 取消了牵引杆,单人操作,减少了人力成本和装备支出成本;

(2) 采用液压驱动装置,起步停车特性更为柔和;

(3)适应能力广泛,转弯半径较小,可在各类机场跑道、停机坪、机库和大型舰船甲板上使用,便于快速部署;

(4)夹持举升机构可靠性高,提供多重安全防护措施,防止拖曳过程起落架超载和前轮过转向。

由于飞机和牵引车构成一个整体,所以操纵性能更加可靠,牵引速度可大大提高,某些无杆式飞机牵引车最高牵引速度甚至已超过 30 km/h。而且单独由牵引车的驾驶员来完成对接、牵引、脱离飞机的全部操作过程,作业效率非常高。

3. 无杆牵引技术的体系结构

从系统功能划分来看,无杆牵引技术总体上大致是由底盘、驾驶/控制舱和发动机等三大系统组成的车体结构系统;由悬架升降机构、抱轮机构、液压驱动机构和传感与控制器组成的工作系统;由载荷限制与告警装置、过转向限制、转向角度指示与告警装置以及手动分离装置组成的安全防护与应急操作系统。除此以外,诸如驱动方式的选择、传感信号与控制器等也是设计需要关注的方面。

三大系统的设计思路并非相互独立。抱轮所承受的机头质量最后都通过悬架机构和其他连接与紧固结构传递到车辆底盘,由车架承担。底盘/车架的强度与空间布置能力是包括抱轮在内其他一切功能机构和装置的设计基础和设计约束。而保证整个系统能够正常工作或平稳处理突发意外则是各类安全防护与应急装置设计的根本动机,必然要以其服务对象的作动特性和可靠性分析结论作为设计出发点,从而"对症下药"。两者关系密不可分,有机地构成了无杆牵引技术体系。

4. 系统总体技术

无杆牵引系统总体技术主要包括牵引车架、底盘、抱轮、悬架机构、安全防护以及应急装置的总体设计与功能集成。

车架与底盘是所有系统赖以正常工作的基础平台,飞机机头的质量通过抱轮和悬架最终都要加载在底盘上,同时,底盘还需要承受工作中可能出现的各种振动与冲击载荷。国外使用实践中出现过因底盘强度不够而造成车体断裂的事故,因此,无杆牵引车底盘的承载能力是设计重点之一。底盘本身应由高强度材料制造,结构形式应当使得受力均匀合理,同时为尽量消除制造带来的缺陷,对工艺的要求也比较高。

抱轮机构是车辆与飞机连接的关键装置,该机构的性能是无杆牵引技术的核心性能之一,其设计要素主要有以下几点。

(1)抱轮与飞机和车架的连接方式。抱轮的抱持面应为前起落架轮胎的胎纹面,为确保任何情况下飞机前轮都不会从抱轮机构中脱落,设计时必须使每两个抱紧点间的距离均小于飞机前轮的外径。同时,为了适应车体在驶过坡面时产生的车体倾斜,飞机前起落架必须始终保持与地面垂直。这就需要抱轮机构与车架之间采用悬架结构设计,通过具有多自由度特征的"铰式"结构相连。

(2)抱轮机构的承载能力。机场进出港航班繁多,飞机型号繁杂,每架飞机的装载情况也各有不同。这就必然要求无杆牵引技术具备适应多种型号飞机前起落架结构形式和不同装载工况的能力。通常应参考所需适配机型前起落架有效承载的最大值,将其设定为抱轮机构承载能力的下限。

(3)主动识别与纠错能力。这一要求从无杆牵引技术的通用性要求衍生而来,即抱轮机构应能识别与之对接的飞机型号,如果因操作员失误选择对接的飞机前起落架与抱轮机构接头不相配,则牵引车与前起落架的对接将会被自行中断和锁定。

(4)悬架机构升降调节能力。为了适应飞机入库的要求,无杆牵引车的悬架机构应能够降低并定位在一个比正常牵引位置低一些的高度上。

安全防护与应急操作是无杆牵引技术的又一研究重点,安全设计的理念几乎渗透进每一处设计细节当中,突出表现在以下几方面。

(1)为了防止抱轮机构由于长期负重导致抱紧功能的衰退或者液压驱动机构因泄漏失效从而引发飞机前轮从抱轮中脱开的事故,专门为抱紧臂设置了机械锁定装置。

(2)严格的逻辑作动程序,如抱紧臂抱紧动作未完全到位时,悬架机构不能工作;抱轮机构完全放下后,抱轮方可打开;操作员座位完全面向抱轮机构时,方可对其进行操作等。

(3)为了防止拖曳或者对接过程中对前起落架施加的载荷过大,或者由于牵引车突然加速或刹车引起前起落架超载,从而对飞机前起落架的安全寿命造成负面影响,专门设置了超载限制装置。而且,针对不同型号飞机之间存在的差异,施加的牵引载荷是可调的。

(4)典型的飞机牵引过程常常包括启动、数次短停和转向。为防止转向角度超过前起落架的最大转向角,专门设有防扭力过载装置。同时,当转向角度接近前起落架最大转向角度限制值时,牵引车驾驶舱内有相应的告警措施提醒操作员。

(5)一旦牵引过程中车辆发生故障,首要任务是将飞机从故障车辆上脱开并迅速撤离。因此,无杆牵引必须提供备份的独立应急释放系统。同时,为防止应急释放系统也同时失效,抱紧机构应当允许手动分离。

5. 无杆牵引系统试验验证

无杆牵引系统试验分为以下三类:静态载荷试验、动态载荷试验和运营条件测试。目的是检验牵引车在极值条件(如最大加速度或者刹车)下传递到起落架/机身上的载荷是否超出限制值,同时验证过转向保护及其告警装置的有效性。考察车辆/飞机结合状态下在各种行驶速度下的稳定性也是试验目的之一。

(1)静态载荷试验。该试验在飞机假设处于完全刹停的状态下进行,通过将无杆牵引车逐步加至满功率状态,施加或推或拉的载荷,并保持最大功率状态 5 s,考察飞机在刹停或驻泊条件下牵引车所施加的载荷是否会导致前起落架超载。

(2)动态载荷试验。测试牵引车在加速或刹车时施加到被牵引飞机上的最大牵引或推动载荷。

试验程序如下:

1)抬起飞机前起落架;

2)推动飞机时,使用牵引车的最大可用功率将其从静止状态加速到最大速度,或者大约 8 km/h,或者飞机制造商规定的最大后退速度,取三者中较小的一个值;

3)出于维护目的牵引飞机时,使用牵引车的最大可用功率将其从静止状态加速到最大速度,或者飞机制造商规定的最大牵引速度,取其中较小的一个值;

4)保持上述速度行驶不小于 30 m 的直线距离;

5)牵引车以最大刹车制动直到飞机完全停下;

6)前起落架从牵引车辆上分离。

(3)运营条件测试。考察机场实际运行工况下对飞机施加使用推动载荷时的前起落架/机体载荷水平。

参加试验的是正在服役的航班飞机,试验程序包括抬起前轮、向后推动飞机、短暂的向前牵拉飞机以便使前起落架与滑行道平行,以及试验完毕释放前起落架。

进行以上三项试验项目时,应变仪必须装在前起落架的指定位置上,如阻力杆、扭力臂或其他关键受力元件。如何对应变仪进行准确地定标以便方便直观地读出载荷是试验的重要操作步骤之一。

6.无杆牵引虚拟仿真技术

虚拟样机技术是一种基于产品的计算机仿真模型的数字化设计方法,典型的开发平台有MSC公司的ADAMS等。

由于虚拟仿真过程本质上是一种以模型为基础的不断提炼与完善的过程,所以,所建动力学模型的精确性,包括边界条件的完备程度及其施加手段就成为虚拟仿真成败的关键。图5-2展示了某型无杆牵引车的虚拟仿真模型,整车虚拟模型由前后悬架、车身(包括车体、驾驶室等)、转向系统、驱动系统和轮胎等组成。图5-3所示是在虚拟仿真环境下演示了无杆牵引抱轮/夹持机构的工作过程。

图 5-2 虚拟环境下的无杆牵引车仿真模型

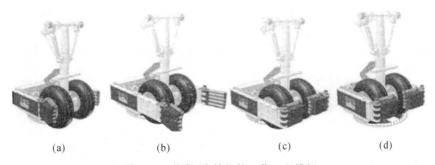

图 5-3 抱紧/夹持机构工作工程模拟

(a)进入加紧工位;(b)张开加紧机构;(c)夹持机构抱紧作业;(d)进行牵引作业

目前无杆牵引虚拟仿真研究刚刚展开,仅在车辆的行驶平顺性方面有初步成果面世。建模时对牵引车结构进行了大量的抽象和简化,例如除轮胎和阻尼元件、橡胶元件外,其余零件均被视为刚体,忽略各运动副的摩擦力,等等。

因此,在未来的无杆牵引虚拟仿真研究中,不仅需要在建模的精确性上做大量的工作,而且对无杆牵引车对飞机前起落架的牵引和引导转向等工作性能本身的仿真研究也是亟待开展的全新研究领域。

5.1.4 有杆牵引车的结构与原理

有杆式牵引车是一种使用和飞机相匹配的专用牵引杆与飞机相连、实施对飞机牵引作业的专用车辆。飞机牵引杆是特制的中间带有缓冲装置和扭力剪切装置的专用杆,它具有传递动力、减缓牵引车对飞机冲击的作用。

1. 有杆飞机牵引车顶推作业流程

不同的机场及飞机的不同,其飞机的顶推作业流程会有所差异,常见的飞机顶推作业流程如下。

(1)当乘客从登机桥完成登机以后,登机桥向后撤离飞机一定距离。

(2)地勤人员在飞机前起落架上安装转向旁通销,飞机的前起落架转向功能被锁止;牵引杆一端连接飞机,另一端连接牵引车;地勤人员撤除飞机的轮挡,飞机驾驶员释放驻车制动。

(3)飞机驾驶员设置驻车制动;地勤人员断开飞机牵引杆与前起落架的连接,飞机牵引车驶离飞机;地勤人员拔掉转向旁通销并举起销子向飞机驾驶员示意销子已经移除,飞机前起落架获得转向功能;地勤人员与飞机驾驶员结束联系,飞机开始滑行。

有的飞机前起落架没有配置转向旁通系统,因此在顶推过程中应确保前起落架的转向功能不可用。

以上作业过程持续时间约为 10 min,在顶推作业中,地勤人员应分别与机上人员和牵引车驾驶员随时保持联系,进行充分的语言交流及手势交流,并且通常会有多名地勤人员在机组周围监视顶推作业中出现的状况,与常规的车辆驾驶不同,顶推作业有一定的操作难度,其驾驶方式与倒车控制拖挂车的操作类似,作业之前牵引车驾驶员应当确认车辆具有良好的起步及制动特性,在作业过程中必须保证起步制动柔和。因此,机场的飞机牵引车驾驶员必须经过相关的培训合格后方可从事飞机牵引及顶推工作。

2. 有杆飞机牵引车行业情况

有杆飞机牵引车主要有以下行业特点。

(1)批量小,品种多。飞机牵引车作为一种专用的机场地面勤务车辆,市场需求的数量较小;鉴于飞机牵引车的成本较高、品种多,试制的车辆必须作为正式的商品。

(2)技术密集。与常规车辆相比,飞机牵引车是一种技术密集、结构复杂的产品,集成了机械、电气、液压等多种技术。

(3)用户需求多样化。飞机牵引车用户会对车辆的轮胎、驾驶室、车身装置、牵引栓和喷涂效果等提出个性化的要求;有的生产厂家可以提供标准的部件供用户在采购时选装;通常用户的多样化要求会在采购合同中明确规定。

国内有杆飞机牵引车的生产厂家非常多,主要有北京金轮坤天特种机械有限公司、威海广泰空港设备股份有限公司和中国重汽集团专用汽车公司等。

国外有杆飞机牵引车的生产厂家主要有德国的 SCHOPF 公司、英国的 DOUGLAS 公司、美国的 JBT 公司(原 FMC Technologies,Inc.)和法国的 TLD 公司等。

3. 如何选用合适的有杆飞机牵引车

不同吨位的飞机应当选用合适的飞机牵引车进行作业,这一点对保证牵引车的作业安全至关重要。选用牵引力过大或者过小的牵引车都会带来极大的安全隐患。

部分用户往往会选用牵引力较大的飞机牵引车来顶推质量较小的飞机,这样的"大马拉小车"的作业方式有可能造成过大的冲击,增加事故发生的概率,用户应当根据飞机的最大起飞质量以及牵引车的牵引力来选择合适的飞机牵引车。

用户在选购飞机牵引车时可以参考生产厂家提供的牵引车牵引力以及牵引车所适用的机型等信息。用户还可以通过比较飞机牵引车与飞机质量的方法选择飞机牵引车。国际航空运输协会(International Air Transport Association,IATA)根据飞机的最大起飞质量划分了飞机的 5 个等级,并给出了各等级的飞机所适用的飞机牵引车整备质量的推荐数值,见表 5-1。

表 5-1 最大起飞质量与飞机牵引车整备质量的关系

等级	最大起飞质量/t	飞机牵引车整备质量/t
1	<50	4
2	50~150	12
3	150~260	18
4	260~400	40(四轮驱动)
5	>400	60(四轮驱动)

根据经验,一般选用的飞机牵引车质量约为飞机最大起飞质量的 0.1~0.15 倍较为合适。另外,牵引车的作业状态还会受到其他因素的影响,如有坡度的路面、湿滑的路面、大风、冰雪天气都可能使牵引车的作业性能受到影响,在该种情况下进行牵引或顶推作业时应当降低牵引车的作业速度。

4. 有杆飞机牵引车零部件

(1)车身。为保证飞机牵引车能从飞机下方穿过,牵引车的车身一般都比较低矮,通常牵引车的高度不高于 2 m。由于飞机牵引车的批量小,故一般采用整体焊接式的车身,车身设有吊钩、千斤顶支点和系留接口等装置。

部分牵引车设有液压升降支腿,当牵引车长时间待用时,可以利用升降支腿使轮胎离地,以保护轮胎;利用升降支腿也可以方便维修,进行轮胎的拆装。

为增强牵引车的后视野性,飞机牵引车的车身常为阶梯倾斜的形式。车身上平面常铺有防滑材料。

(2)驾驶室。飞机牵引车上最常用的驾驶室形式为钢制焊接封闭式驾驶室。驾驶室一般设有空调、暖风和雨刮等装置,视野性良好。

某些国外的飞机牵引车,为保证良好的视野性,未配置驾驶室。美国海军就使用一种无驾驶室飞机牵引车,但是这样的牵引车在夏季、冬季及雨雪等恶劣天气中会给驾驶员操作带来极大的不便。

也有厂家借用了标准的商用车驾驶室,KAMAG公司的TowBear飞机牵引车借用了Mercedes Benz ATEGO的驾驶室进行改装。这样有利于实现驾驶室的标准化,易于更换,并节约了内饰成本,但是运用标准商用车驾驶室使布局受到限制,不利于飞机牵引车的系列化开发,并且视野性可能会比专用的飞机牵引车驾驶室差。

有的飞机牵引车在首尾各设一个驾驶室,以实现双向驾驶,改善驾驶员的视野性,但是这样的布置须设置两套牵引车驾驶机构,会使飞机牵引车结构变得更为复杂,可靠性降低。

(3)驾驶室升降机构。为提高牵引车的后视野性,部分较大吨位的牵引车设有升降装置,升降幅度在0.5 m左右,如重汽青专生产的带有升降驾驶室的飞机牵引车。驾驶室升降机构应当具有防碰撞装置,遇到障碍时会自动下降,以防止飞机牵引车驾驶室对飞机造成的损害。

(4)牵引栓。飞机牵引车上最常用的牵引栓为单层(见图5-4)或者双层的E形牵引栓,通过牵引销与牵引杆上的牵引环相连,牵引杆可以绕牵引销自由转动,这种结构简单可靠。有的牵引车采用多层的E形牵引栓。牵引栓的牵引销直径一般为50~70 mm,以方便与牵引杆上的牵引环相连。牵引栓上常设有牵引销锁止装置,以防止在作业过程中牵引销与飞机牵引杆脱开。牵引栓的高度应当保证在作业中与牵引杆的位置接近水平。

图5-4 单层的E形牵引栓

(5)电器系统。飞机牵引车常设有后视系统、前后工作灯和转向灯。应用后视系统可以在牵引作业中方便驾驶员观察牵引栓与牵引杆的连接情况。在设有升降驾驶室的牵引车上,需装有防碰开关,可以在遇到障碍物时控制驾驶室下降,以增强安全性。

(6)其他零部件。根据相应的飞机牵引车标准和安全作业的要求,飞机牵引车上设有灭火器。为使飞机牵引车驾驶员看到牵引作业时的牵引杆与牵引栓的连接情况,在牵引车尾部装有后视反光镜。有的还配有集中润滑系统,用于润滑钢板弹簧销、升降滑道等部位。部分飞机牵引车还设有应急泵,可以在紧急情况下,利用蓄电池的电量完成行驶、转向等动作,使牵引车驶离跑道,到达维修地点。

虽然无杆飞机牵引车在长距离牵引上有较大优势,其应用范围也越来越广,但是有杆牵引的简单、易用、采购及维修成本低等特点会使有杆牵引的作业方式在今后相当长的一段时间内作为主要的飞机牵引及顶推方式;用户可根据飞机的最大起飞质量选用合适的有杆飞机牵引车,以确保牵引及顶推作业的安全;在作业中应当严格遵守作业流程,加强人员之间的信息交流,保证作业安全。

5.2 除 冰 车

5.2.1 除冰车的用途与分类

飞机在遇有气温低、湿度大、降雨、降雪等寒冷天气时,会在其表面形成一层霜、雪或冰。冰雪凝结在飞机机翼上,会使机翼表面变得粗糙,造成临界迎角减小,机翼升力降低,两翼升力不平衡,飞行阻力增大,这就会使飞机在起飞速度本来就不快的状态下,飞机的空气动力性能变坏,过早出现失速,飞行员对飞机的控制难度加大,影响飞机的安全性和操作性,甚至导致飞行事故。由世界航空组织对有关冰雪天气引起的飞行事故进行的统计表明:由于飞机表面结冰、积雪、结霜或飞机在起飞前表面结冰、积雪未及时清除引起的事故占各种气候条件引起事故的9%,可见,飞机起飞前及时清除表面的冰、雪、霜至关重要,飞机除冰成为一个迫在眉睫的问题。然而,飞机又以其体积的庞大和结构的复杂决定了除冰的艰难程度,因此除冰需要一些机械装置来完成,这样,飞机除冰车便应运而生了。常见的需要采取除冰与防冰技术的飞机部位主要有风挡、空速管、螺旋桨、机翼、尾翼、发动机进气道前缘及进气部件。飞机机头、机翼结冰状况如图5-5所示。

 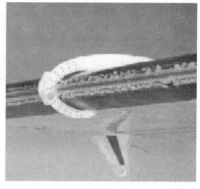

(a) (b)

图 5-5 飞机机头、机翼结冰状况
(a)飞机机头结冰; (b)飞机机翼结冰

伴随着航天事业的发展,飞机除冰设备也已有百年历史。早期的飞机除冰没有专业化的除冰设备,是由人站在梯子或支架上用热水管对飞机机体结冰部位进行清除,但随着机体越来越大,这种除冰方式已不能满足要求,于是就产生了专业化的除冰车。专业化的除冰车最早产生于地处高纬度的北欧国家,如丹麦、瑞典等,这些国家冬季长,飞机结冰现象突出,迫切需要专业化的除冰车。

当前,国内外现有的飞机除冰车按其行走方式可分为自行式除冰车、车载前挂式除冰车和拖挂式除冰车三种(见图5-6),自行式除冰车应用得最为普遍,车载前挂式和拖挂式除冰车一般只针对小型飞机或对飞机的低矮位置进行除冰。按除(防)冰的步骤分为一步除(防)冰和两步除(防)冰。前者指通过喷洒加热后的除冰水溶液进行既除冰又防冰的除冰程序;后者指先采用加热除冰液进行除冰,再喷洒常温的防冰液保护相关的机体表面,从而最大限度地提高机体表面防冰能力。按工作原理又分为两类车型：一类是循环加热式飞机除冰车，即通过车载燃油锅炉循环加热除冰液，再由喷射系统喷射除冰。另一类是即热式飞机除冰车，将离心泵泵出的除冰液在喷射过程中即时加热，由喷枪射出。国外除冰车技术比较成熟，生产厂家有瑞典的 Safeaero 公司，美国的 Global 公司、FMC 公司、Omega 公司，加拿大的 SDI 公司和丹麦的 Vestergaard 公司等。

(a) (b) (c)

图 5-6 按行走方式分类的除冰车

(a)自行式除冰车； (b)车载前挂式除冰车； (c)拖挂式除冰车

5.2.2 除冰车的结构特点

1. 高空作业装置

飞机除冰车的高空作业装置是用来运送工作人员和工作装备到指定高度进行作业的，以车载式较多，部分采用曳引式。高空作业装置主要包括工作臂、回转平台、工作斗、液压系统和操纵装置等。要求高空作业装置操作平顺、工作稳定、自动调速、安全可靠。就其结构形式而言，按臂架的展开方式可分为折叠式、伸缩式及混合式三种；按臂架的形状可分为直臂式和曲臂式；等等。高空作业装置通常采用液压工作斗并有工作斗调平系统。与一般的起重运输机械相比，高空作业装置虽然载重量要小得多，但作为高空载人作业装备，应具有很高的可靠性。

2. 加热装置

飞机除冰车的加热装置可分为循环加热式和即热式两种。循环加热式飞机除冰车通过车载燃油锅炉循环加热除冰液，然后再由喷射系统喷射除冰。启动加热后需经过约 50 min 才能使除冰液温度升至 85℃左右，工作效率低，能源浪费较大，能量损失大，准备时间长。即热式飞机除冰车在除冰液喷射过程中即时对液体温度进行加热控制，把由离心泵泵出的除冰液即时加热，瞬间可将其升温到 85℃左右并由喷枪射出，除冰车加热系统从启动至液体加热到 85℃仅需要 1.5～5 min，其除冰效率大大提高，效果也比较理想。当喷射流量变化时还可对液体温度进行控制，即在实际的除冰操作中，喷射流量会随操作者切换喷枪挡位变化。目前，国内外普遍采用的都是即热式加热方式。

3. 喷射系统

飞机除冰车的清冰、除霜主要由喷射系统来完成。我国的飞机除冰车大部分仍依靠进口，国外生产的新式即热式除冰车最大喷射流量大于 230 L/min，最大喷射距离大于 15 m。喷射系统最主要的部分是控制部分。我国的飞机除冰车的喷射机构液罐容量大，但加热时间长，因为无论是在喷射处于关闭状态下对液罐内的除冰液进行预加热时段，还是在喷射器开启状态下对飞机进行除冰、除霜过程中，其加热时液体的循环方式均表现为：液体经液罐—水泵—加热炉—液罐,且容易出现空烧、干烧、过烧等问题。国内对飞机除冰车喷射系统也进行了一些研究,中国民用航空学院的孙毅刚等人专门开展了除冰液喷射系统设计与负载特性试验研究并取得了一定的成果。某空港设备公司研制出了新型的控制系统,能有效缩短加热时间,节省用于加热的能量消耗,有效地解决了空烧、干烧、过烧等问题。

5.2.3 除冰的方法及原理

1. 压缩空气除冰法

压缩空气除冰法是一种传统的操作方法,它可以快速地清除机身外表上没有冻结的积雪,绿色环保。

但是该方法对于飞机的活动部件尤其是活动部件的连杆、转抽等有外层护板和遮挡的部分效果不好。此方法适合于低温下干雪的清除。

压缩空气除冰法利用经过压缩的高温气体释放压力时的冲击来击碎雪层和稀碎的残雪。高压力压缩空气在释放时会产生超高的速度,速度产生的冲击力会击碎冻住的雪层和稀碎的残雪,进而达到除雪的目的。

2. 红外线加热除冰法

红外线加热除冰法是一种新的除冰法,它利用集束式安装的大功率红外发生器发射的红外线照射到飞机机身上,加热机身融化冰雪来实现除冰作业。

红外线是太阳光线中众多不可见光线中的一种,由德国科学家霍胥尔于1800年发现,又称为红外热辐射,他将太阳光用三棱镜分解开,在各种不同颜色的色带位置上放置了温度计,试图测量各种颜色的光的加热效应。结果发现,位于红光外侧的那支温度计升温最快。因此得到结论:太阳光谱中,红光的外侧必定存在看不见的光线,这就是红外线。也可以当作传输之媒界。

红外线的传热形式是辐射传热,由电磁波传递能量。当远红外线照射到被加热的物体时,一部分射线被反射回来,一部分被穿透过去。当发射的远红外线波长和被加热物体的吸收波长一致时,被加热的物体吸收远红外线,这时,物体内部分子和原子发生"共振"——产生强烈的振动、旋转,而振动和旋转使物体温度升高,达到了加热的目的。

作业过程没有污染物残留在其机身上,属于环保型作业法,但是设备投资大,适用于冬季降雪周期长、航班较大的机场。

3. 热水除冰法

热水除冰法是过去常使用的方法,但当周围环境温度远低于0℃以下时,热水在低温的机身上会很快冷却并可能在飞机表面上重新冻结,影响活动部件的动作也会阻塞飞行测控仪器;仅在环境温度高于−3℃,且热水除冰后的3 min之内保证可以完成防冰操作时才能使用;如果环境温度低于−3℃则不能单独使用热水进行除冰,应采用除冰剂混合液。

4. 液体除冰液除冰法

液体除冰液除冰法是将乙二醇除冰液经混合配比和加热喷洒到飞机需要处理的部位上以清除冰冻层,再用经过测定、配比的防冰液喷洒到飞机需要处理的部位上防止再次形成冰冻层或冰堆积,两步操作完成除冰和防冰工作。

除冰液一般来说分为两种,Ⅰ型和Ⅱ型。Ⅰ型液体以浓缩或稀释的形式提供。浓缩的Ⅰ

型液体乙二醇,即甘醇、二甘醇或丙二醇,或这些乙二醇的混合物的含量较高。其他成份包括水、防腐剂、润湿剂、防泡剂及染料。Ⅰ型液体必须加热以提供有效的除冰能力。按照不同的使用程序,浓缩的Ⅰ型液体必须用水稀释以获得适当的冰点。由于空气动力性能以及基于冰点的考虑,Ⅰ型液体在使用时通常需要进一步的稀释。

Ⅱ型液体以稀释和未经稀释两种形式提供。当喷洒到飞机上时,液体的高黏度加上润湿剂的作用,形成一层黏稠的覆盖层。用于除冰时,液体必须加热。Ⅱ型液体黏度较高,在机翼上形成比Ⅰ型液体更为黏稠的液体覆盖层。在任何情况下都不得在已做过防冰处理的飞机的被污染的液体薄膜上进一步直接覆盖防冰液。如需再次给飞机喷洒防冰液时,在最后喷洒防冰液之前,必须先对飞机表面进行除冰。

5.2.4 除冰车的保养维护

除冰车的保养维护包括以下两部分内容:①机动车底盘的保养维护,本书不作介绍,请参照底盘说明书;②除冰装置的保养维护,主要是对铲刃、齿刀、拉簧、螺栓连接、润滑系统和液压系统的保养维护。

1. 铲刃及齿刀的保养维护

犁板式推雪铲铲刃在工作过程中经常与路面摩擦,压滚除冰装置的齿刀工作时受到摩擦、冲击作用,易受损坏,当铲刃、齿刀局部受损时,须及时更换受损的铲刃、齿刀,以保证清雪效果。

2. 拉簧的保养维护

拉簧用于吸收部分冲击载荷,使铲刃紧贴地面且使前铲越过障碍物,过大的弹簧拉力对越障不利,过小的弹簧拉力则会导致除冰效果降低,故拉簧的张紧程度决定其工作效果,在除冰车的使用过程中,应根据使用手册中对弹簧的张紧要求,经常检测弹簧的状况,及时调整或更换。

3. 螺栓连接的保养维护

设备在使用过程中,螺栓连接部位难免出现松动,为避免出现事故隐患,应及时拧紧螺栓。

4. 润滑系统的保养维护

润滑是在相对运动的摩擦接触面之间加入润滑剂,使两接触表面之间形成润滑膜,变干摩擦为润滑剂内部的分子间的内摩擦,以达到减小摩擦、降低磨损、延长机械设备使用寿命的目的。除冰车需要润滑的零部件主要就是摩擦副,即对销连接部位进行脂润滑。因除冰车工作环境寒冷,须选用具有良好低温特性的油脂,使用黄油枪对所有安装油嘴位置进行润滑。加注油脂量不宜过多,以销轴两侧有油脂溢出为宜。最好在加注油脂前使用抹布清除原有的脏油脂。

5. 液压系统的保养维护

除冰车液压系统包括油泵、油箱、管路、控制阀和液压缸等部件,分为前雪铲控制系统、中雪铲控制系统、压滚控制系统。整车液压系统由一台油泵供油,集成阀块控制。

液压系统的性能直接影响除冰车工作装置的工作特性。因此,在使用前需检查以下项目:液压油箱的液位是否满足要求,液压控制阀门操纵的灵活性、可靠性,液压管路以及液压缸是否泄露,快速接头是否有效等。出现问题应立即维修或更换零部件,保证控制系统工作的有效性、可靠性,从而避免除冰作业过程中出现危险。液压油在使用过程中会因为污染等原因性能逐渐下降,故需要及时换油。

5.3 客梯车

5.3.1 客梯车的作用与分类

客梯车是供旅客上、下飞机的自行式阶梯结构设备,是为飞机提供地面服务的机场必须配套的专用车辆。在飞机不能对接旅客登机桥时,客梯车是保证旅客及工作人员上、下飞机的主要工具。客梯车机动灵活,用途广泛,可根据飞机停放情况随时在不同地点作业,是保证航班正常不可缺少的地面设备。常用的客梯车如图5-7所示。

图5-7 客梯车

一般按照动力来源和客梯类型将客梯车分为以下4种。

1. 手推式客梯车

无底盘和发动机,操作简便,新员工稍加培训即可操作;成本控制方面,手推式客梯车约为10万元,不需要加注燃油,几乎不产生运行成本;安全性能方面,行驶速度一般不会超过步行速度,与航空器发生刮碰的可能性极小,即使发生了造成的损失也不会很大(见图5-8)。

图5-8 手推式客梯车

此种客梯车在近距离接近飞机时推动,较长距离可由行李拖车拖行;特别适用于中、小航站、机场和具有停客机机坪工作区的大型国际机场和航空公司使用。

图 5-9 所示是由 ANGKOR 公司生产的手推式客梯车,适合于 B727、B737 型系列客机旅客上、下之用,也适合于 MD-80、DC9-15/20、F/21/32、F/41/51 系列机型的使用,手推推力低于 40 kg,仅需 1~2 名工作人员操作。其参数见表 5-2。

图 5-9 ANGKOR 手推式客梯车

表 5-2 ANGKOR 手推式客梯车参数表

外形尺寸(长×宽×高)/(mm×mm×mm)			5 400×2 210×3 700	
平台离地高度/mm	最高	2 900	总质量/kg	950
	最低	2 500	最大允许载客人数	28
离地最低间隙/mm		150	升降形式	人工操作脚踏液压泵
最小转弯直径/mm		≤11	行走方式	手推或牵引
聚胺脂脚轮	前/后轮直径/mm	330/250	夜间照明	12 V 电瓶
	最大承载量/kg(单只)	≥1 100	阶梯级数	13

2. 电动客梯车

直流电为动力源,结构简单,安全可靠,操作方便,无污染,无噪声。

其适合于 B707、B727、B737、A318、A319、A320、A321 型系列客机旅客上、下登梯之用,同时亦适合于 MD-80、DC9-15/20、F/21/32、F/41/51 系列机型的使用,又可作为机务人员工作用梯。

电动客梯车使用自动挡操作,行驶平稳,对接飞机舱门安全,只需一名电动车司机操作。其适用于中、小机场和具有停客机机坪工作区的大型国际机场和航空公司的使用(见图

5-10)。其参数见表 5-3。

图 5-10 电动客梯车

表 5-3 电动客梯车参数表

最大牵引力/N		1 400	梯身与地面夹角/(°)	33～38
最大行驶速度/(km·h^{-1})		15	最大允许载客人数	30
最小离地间隙/mm		185	客梯升降形式	人工操作脚踏液压泵
平台离地高度/mm	最高	2 900/3 600	电动机 驱动电机	电流牵引电动机
	最低	2 500	额定功率/kW	2.2
整车整备质量/kg		1 900	额定电压/V	45
外形尺寸(长×宽×高)/(mm×mm×mm)		5 350×1 920×3 720	额定转速/(r·min^{-1})	2 800
电瓶	蓄电池/只	24	调速载波器	EV100 蓄电池车用调速载波器
	额定电压/V	48	阶梯级数	13

3. 机动客梯车

机动客梯车(见图 5-11)由汽车底盘、转动梯和升降梯构架、升降机构、伸缩平台、翻转尾梯、支撑等组成。可根据飞机舱门高度进行无级调节,无论怎么调节,踏板和上平台始终处于水平位置,并且具有连续梯身。其支撑跨度大,稳定性好,采用先进的液压技术,性能稳定,故障率低,采用多套保护装置和应急措施,使用安全可靠。

图 5-11 机动客梯车

机动客梯车适用于舱门门槛高度从 2 400～5 800 mm 的飞机,平台高度有液晶数显和机械标尺指示,外形尺寸为 8 000 mm×2 200 mm×3 570 mm,最大登梯人数为 60,转动梯级数为 15,升降梯级数为 12。

4. 移动式自动扶梯客梯车

如图 5-12 所示,移动式自动扶梯客梯车梯身部分采用自动扶梯。总长达到 17 m,宽为 2.8 m,高为 4.9 m。行驶最高车速可达 45 km/h,最小转弯半径只有 10 m。

此种客梯车一般作为贵宾或者元首首机时使用,价格昂贵。

图 5-12 移动式自动扶梯客梯车

5.3.2 客梯车的组成与结构

1. 底盘的组成及功能

如图 5-13 所示,客梯车的底盘通常选用符合国家技术标准的货车底盘改装,并按照客梯车的设计要求选择相应的型号,有的生产厂家自制底盘,这种底盘结构简单,操作灵活。但车辆配置和零件互换性较差。底盘主要由传动系、行驶系、转向系和制动系组成。

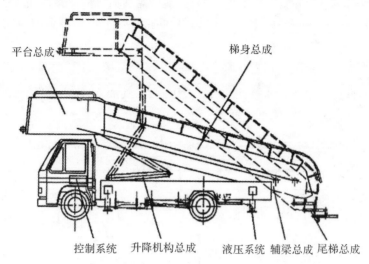

图 5-13 客梯车的整体结构

(1)传动系主要由发动机、变速器、取力器、传动装置及差速器组成。功能是将发动机的动力传给各驱动轮和液压升降系统,保证客梯车的正常运转和动力输出。客梯车的动力传动方式主要有机械式传动、液力机械式传动和液压传动。

(2)行驶系主要由车轮、车桥、车架和悬架组成。用于承载整车质量,传递和承受路面作用于车轮的各种力,缓和冲击,吸收振动,以保证客梯车在一定条件下能正常行驶。

(3)转向系主要由转向操纵机构、转向器和转向传动机构组成。用于保证车辆按驾驶员设想的路线行驶,轻便灵活地操纵客梯车,为不同地点停放的飞机提供上、下乘客服务。

(4)制动系主要由制动操纵机构和制动器组成。按其作用分为行车制动、驻车制动和辅助制动。用于强制车辆减速停车,保证车辆安全行驶。常用的制动器有盘式和鼓式两种,均称为摩擦式制动器。

2. 梯身的组成及功能

客梯车梯身主要由梯身框架、固定旋梯、活动旋梯和平台组成。

(1)梯身框架由高强度钢材制作而成,用于支撑梯身,固定撑脚,连接底盘车架,提高梯身稳固性。

(2)固定旋梯主要由构架、导轨、阶梯、扶手和挡板组成。构架用钢材与钢料导轨焊接成一体。导轨下端用销轴与车架铰链,可使固定旋梯绕着铰点转动。阶梯板通常采用防滑铝板,铆接在阶梯架上。两侧扶手和挡板固定在构架上,起安全防护作用。

(3)活动旋梯主要由构架、滑轨梯、扶手和挡板组成。构架用钢材与钢料导轨焊接成一体。滑轨上配有导轮,安装在固定旋梯导轨内,使活动旋梯在导轨内运行自如。滑轨下面有定位块,靠定位块实现与固定梯台的对齐,并起到锁止作用,防止活动旋梯自行滑落。阶梯、扶手和挡板与固定旋梯相同。

(4)平台主要由固定平台、活动平台、缓冲装置、扶手和可滑动护板组成。固定平台焊接在活动旋梯前端,随活动旋梯升降,为旅客登机提供宽敞的空间。两侧导轨用于安装挡板和活动平台。活动平台前端装有缓冲橡胶管,下面配置缓冲器,对接飞机时可伸缩,起安全保护作用。两侧挡板和扶手可在平台导轨上面前后滑动,并能锁定在固定的位置上,能有效地保护平台上人员的安全。有的客梯车在平台上装有控制盒,可在平台上微调平台的伸缩和中柱的高低。在通常情况下,前平台的升降范围是 2 200～5 800 mm;允许站立 8～10 人。

3.液压升降系统的组成及功能

液压升降系统主要由液压油箱、液压泵、液压阀、撑脚油缸、旋梯升降油缸、梯身倾斜油缸、尾梯油缸、定位装置和应急装置组成(见图 5-14)。

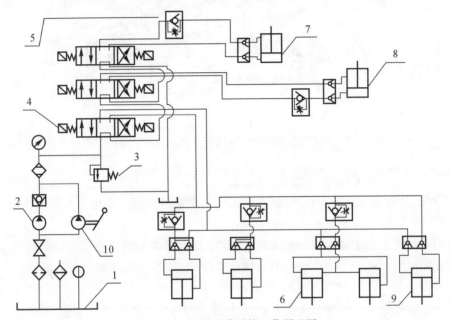

图 5-14 液压升降系统工作原理图

1—液压油箱; 2—液压泵; 3—液压溢流阀; 4—液压电磁换向阀; 5—液控单向阀;
6—撑脚油缸; 7—旋梯升降油缸; 8—梯身倾斜油缸; 9—尾梯油缸; 10—应急装置

(1)液压油箱侧面装有液压面显示计,指示油箱内油量,出口处装有阀门和油滤。维修保养液压系统时,可关闭阀门,防止泄露。

(2)液压泵靠发动机和取力器驱动运转,输出一定压力和流量的液压油供给液压系统使用,带动液压阀门工作。

(3)液压阀中主要有换向阀、溢流阀、节流阀、单向阀。在工作中通过控制相应的液压阀来实现相关的液压油缸伸缩。

(4)撑脚油缸安装在框架上,梯身升降时,先要放下支撑腿,用支撑腿来承载车辆的质量,以增加客梯车工作的稳定性。撑脚工作形式有垂直撑脚式、滑道斜撑式、水平伸缩支撑式。为保证撑脚工作可靠,在右油路上设置了双向液压锁,均采用双作用油缸。

(5)旋梯升降油缸下端固定在梯身架横梁上,上端与活动旋梯连接,伸缩时带动活动旋梯和平台升降。活动旋梯升降油缸通常采用双作用单级柱塞式油缸,可保证旋梯平稳升降。

(6)梯身倾斜油缸下端用销轴固定在车架上,上端与固定旋梯连接,伸缩时通过改变固定旋梯倾角带动梯身升降。倾角越大，阶梯越陡，梯身平台越高。倾斜油缸通常采用单作用单级柱塞式油缸，下降时打开单向液压锁，靠梯身重力使油缸缩回。

（7）尾梯油缸下端用销轴固定在梯架上，上端与尾部阶梯连接，伸缩时带动尾梯升降，便于新车和旅客上下。尾梯油缸均采用双作用单级柱塞式油缸。有的客梯车没有尾梯油缸，尾部阶梯为固定式或翻板式。

（8）定位装置固定在活动旋梯下面的梯架上，当活动旋梯停止升降时，定位销卡在定位块上防止旋梯下滑，同时保证与固定梯台阶平齐。操纵定位装置让定位销缩回，可使活动旋梯完全落下。

（9）应急装置中有电动应急装置和手动应急装置。电动应急装置用于当发动机或液压泵故障时，通过电动液压泵运转，操作控制阀降下梯身，收起撑脚。手动应急装置用于当发动机或液压泵故障时，电气系统也发生故障，通过操作手摇泵和控制阀降下梯身，收起撑脚，将客梯车撤离飞机。应急装置并联在液压系统中。

4. 电器控制系统的组成及功能

电器控制系统分为底盘电器和特设电器，主要由电源、操作开关、仪表及指示灯、照明装置、电控装置和电动应急装置组成。

客梯车设备通常使用底盘电源，因此用电设备电压与车辆工作电压相同。根据电瓶数量和电压，在安装时有串联和并联之分，不能接错。开关用于接通和关闭各种用电设备。仪表、指示灯显示客梯车的工作状况，提供参考数据。为了保障用车安全，驾驶室内装有撑脚收放指示灯，在撑脚上装有行程开关，当撑脚没有收放到位时，红色指示灯亮，提醒驾驶员不得移动车辆。照明装置由各类灯光组成，主要供夜间使用。除底盘的照明设施外，在平台上装有照明灯及黄色警示灯，在梯身内侧装有阶梯照明灯供夜晚旅客上下电梯使用，在平台下面支撑之上装有高度照明灯，供夜晚驾驶员对接飞机时使用。电动应急装置由电动马达、应急液压泵和操作开关组成，功用是在设备故障的情况下，为确保航班正常，利用它收起撑脚，将客体车撤离飞机。

5.3.3 客梯车的工作原理

当客梯车开到飞机客舱门附近时，前端平台对准舱门，接通取力器及液压泵，用发动机的动力带动活动旋梯和平台升降。

当平台升至与飞机客舱门对应高度时，操作车辆让梯身平台前端同飞机舱门下沿缓慢柔性对接。

放下撑脚，断开液压泵，关闭发动机，拉出平台安全扶板，打开飞机舱门让旅客经过客梯台阶上下飞机。

撤离飞机时，收回安全挡板，收起撑脚，缓慢倒车，离开飞机后再降下活动旋梯。

复习思考题

1. 简述牵引车的用途和分类。
2. 简述传统牵引车的特点。
3. 简述无杆牵引车和有杆牵引车的结构特点。

4. 简述有杆牵引车的顶推作业流程。
5. 简述除冰车的分类。
6. 简述除冰车的工作原理。
7. 简述除冰车的保养维护方法。

第6章 高空作业车

6.1 高空作业车概述

高空作业车是指 3 m 以上,由液压或电动系统支配多支液压油缸,能够上下举升进行作业的一种车辆。采用液压传动的载人高空作业车,是当代先进的机械设备。施工人员借助高空作业车升空工作,安全能够得到很大的保证。但操作不妥或安全措施未落实,它又是一种十分危险的高空作业工作,故需要制定行为规范。

高空作业车一般装设在汽车通用底盘或专用底盘上。选装通用底盘,具有转移迅速、机动灵活的特点,适合于现场点多、作业场所不固定的场合;选装专用底盘,可以有针对性地选择车辆的外形尺寸和工作性能,适合于活动范围较小和针对性较强的场合。

高空作业车广泛应用于市政建设、消防救护、建筑装饰、电力电信、摄影广告、铁路船舶、石油化工和航空航天等国民经济的众多领域。

6.1.1 高空作业车功能与分类

高空作业车按举升机构的形式和结构可分为斗臂式和台架式两大类。

(1)斗臂式高空作业车。按臂架的形式可再分为三种:直臂式即伸缩臂式(见图 6-1)、曲臂式即折叠臂式(曲臂式可分为上折臂、下折臂和侧折臂等)(见图 6-2)、混合臂式即伸缩臂与折叠臂的组合形式(见图 6-3)。另外还有斗臂式均装设在各种底盘上,斗臂式有臂前置与臂后置两种装法。

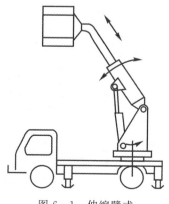

图 6-1 伸缩臂式

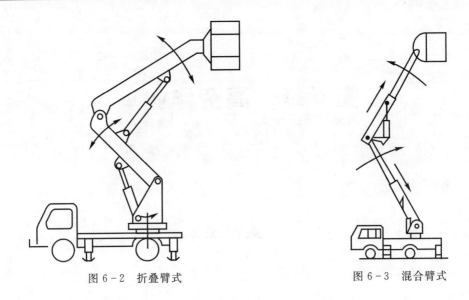

图 6-2 折叠臂式　　　　图 6-3 混合臂式

(2)台架式高空作业车。按举升方式可分为剪叉式(见图 6-4)和垂直升降式(见图 6-5)两种。剪叉式有单级叉和多级叉之分;垂直升降式有套筒式(见图 6-5)、衔架式和箱笼式等形式。另外还有云梯式(见图 6-6)。

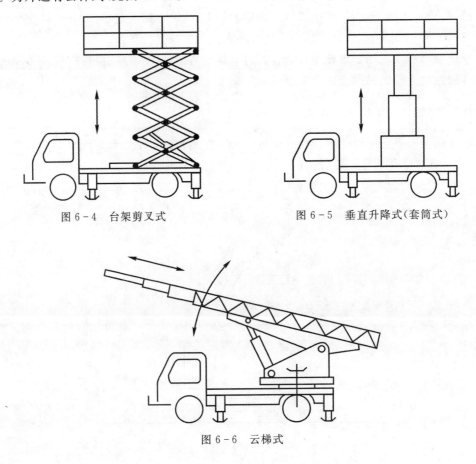

图 6-4 台架剪叉式　　　　图 6-5 垂直升降式(套筒式)

图 6-6 云梯式

6.1.2 高空作业车使用参数的确定

高空作业车使用参数包括作业高度、作业范围、作业斗装载质量、作业幅度及工作速度等，它们是评价高空作业车专用性能的主要技术指标和用户选型的基本可比依据。

(1)作业高度。作业高度为作业斗(作业平台)底平面离地高度与作业人员进行安全作业所能达到的高度(国家标准规定为 1.7 m)之和。通常把作业高度分为最大作业高度和最大作业幅度时的作业高度。

(2)作业范围。作业范围是指高空作业车在不移位的条件下，其工作装置(如作业斗)将工作人员和器材送达作业场点进行作业的范围。

(3)作业斗装载质量。作业斗装载质量是指额定装载质量，但不含作业斗(作业平台)自身的质量。

(4)作业幅度。作业幅度是指高空作业车旋转中心线(对于垂直升降的高空作业车为升降的中心线)至平台外边缘的水平距离。它表示在高空作业车不移动的条件下，将作业人员和器材送达水平距离的远近程度。一般表现为最大作业幅度和最大作业高度时的作业幅度。

(5)工作速度。工作速度包括作业斗垂直升降的平均速度和回转速度。GB 9465.2—1988 中规定：作业斗升、降速度≤0.5 m/s，回转机构的最大回转速度≤2 r/min。

6.1.3 高空作业车的特点

我国高空作业车具有以下特点。

(1)产品品种多。由于高空作业车需求涉及路灯、园林、电力、石化和通信等行业，高空作业车用途各不相同，对规格、技术参数等指标要求差异较大，具有专用性强、个性化要求突出、品种规格多等特点。

(2)高技术要求、高附加值。高空作业车涉及汽车、机械、电气、计算机和自动化等众多领域的技术，是典型的技术密集型产品。

(3)高空作业车适合专业化的中小企业发展。高空作业车行业具有行业规模小、产品品种多、专用性强、技术含量高、安全性要求高、差异化需求明显等特点，通常只能量身定制，单一规格产品难以实现大批量生产。例如，我国的徐工集团、中联重科等大企业也于 20 世纪 90 年代中期和 21 世纪初先后进入高空作业车行业，经过多年的经营，中联重科 2013 年仅有 5 种产品公告，年销量在 20 台左右，徐工集团年销量仅为 20 台左右。国际高空作业车领域，前 10 强的生产企业均为高空作业车及相关专用车辆的专业化生产企业。

(4)行业进入门槛高。由于专用车辆归属于汽车产业，我国对专用车辆行业在企业准入、注册资本、外商股权比例以及产品的注册、认证、检验、缺陷召回等方面都有严格的规定。

(5)季节性需求比较明显。高空作业车用户主要集中在电力、市政及园林等行业，受国家行政事业单位及电力等大型国有企业预算管理制度和采购制度的影响，使得高空作业车行业第四季度的发货量约占全年的 40%。

6.1.4 高空作业车发展方向

国外高空作业机械发展迅速，技术水平不断提升。为了满足实际工程需要，高空作业车的作业高度越来越高，随之作业半径越来越大。如西蒙公司 S600 高度已达 62 m，芬兰 BROTO

公司产品最高已达72 m,高空作业车的下车、工作斗均采用微机进行操纵。

操作越来越简单可靠,自动化程度不断提高。如GENIE(吉尼公司)的自行式直臂式高空作业车、自行式曲臂式高空作业车、自行式剪式高空作业车,由于采用自动化控制,高空作业车的微动性能好,定位也越来越准确。

高空作业车的主要发展方向是实现液压化、最优化、轻量化、机电一体化、通用化、系列化,同时提高可靠性、安全性、舒适性以及环境适应性和救生能力。

1. 产品方向多样化

(1)臂架形式。折叠臂式高空作业车由于市场保有量大、用户熟悉、价格低廉、维护简单等优势仍然会成为市场主流产品;伸缩臂式高空作业车将以其作业效率高、操作简单、安全性好等优势得到快速发展;混合臂式高空作业车既有折叠臂式跨越障碍能力,又有伸缩臂式操作简单、作业效率高的优点,在特殊领域和大高度上具有无比优势。

(2)作业高度。随着城市发展,道路照明、建筑物维护等要求高空作业车能够达到的作业高度越来越高,平时维护或应急抢修,30 m以下的高度一般可有多种办法解决,但超过30 m后,随着高度的增加,尤其是超过50 m后,一般只有靠多功能高空作业车解决,因此大高度将是高空作业车的主要发展方向之一。

(3)轻量化和小型化。由于城市空间和场地狭窄、地面承重能力差异大,要求高空作业车具有外形尺寸小、总质量轻的特点,所以高空作业车必须朝着轻量化、小型化的方向发展。

2. 产品技术高新化

大量采用新技术和新结构,逐步执行国际标准,以降低整车质量、整车高度,增大作业幅度、工作斗承载能力。

(1)臂体截面从矩形改进为六边形或多棱形,甚至采用U形截面,这些已经普遍应用在汽车起重机上,随着制造工艺提高和加工成本降低,将推广使用到高空作业车上。

(2)高强度、低质量和高耐腐蚀性的铝合金工作斗将成为主流配置,平台载重也会增加,双作业载荷或多作业载荷机型也将陆续面世,以适用不同作业情况。

(3)安全控制上向国际先进水平看齐,安全控制更加完善,双冗余控制将成为标准配置,基于CAN总线的智能化控制系统将成为主流。

(4)节能环保技术将更多应用,全电驱动底盘高空作业车将随着新能源汽车技术的成熟在城市市政领域得到快速发展。

3. 产品制造进步化

大力发展标准化制造、部件化喷漆装配,使之成为各生产厂家的标准生产模式;提高制造和后处理工艺水平,提高产品装配水平和表面处理质量能有效提高产品的可靠性;电气系统采用汽车或其他移动设备的产品配置和接线方法可有效提高电气系统的可靠性。

4. 产品应用广泛化

我国高空作业车行业尚处于高速发展的初期,有很大的发展空间,应大力推动高空作业车更广泛地使用,可以从以下几方面入手:①制定相关政策法规推行文明、高效、安全的施工方式,淘汰落后的登高作业方式;②提高企业经济效益将促使大量企业普遍使用高空作业设备,促进高空作业行业的飞速发展;③加快经济发展使社会基础设施运行和保障要求越来越高,电力、照明、通信等行业的发展将促进高空作业车行业的发展。

6.2 高空作业车基本结构

6.2.1 高空作业车结构

高空作业车由下车和上车两大部分构成。下车为行驶部分即汽车底盘,上车为专用部分即高空作业设施。图6-7和图6-8所示分别为最常用的垂直升降式和折叠臂式高空作业车。

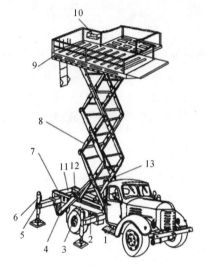

图6-7 垂直升降式(剪叉式)高空作业车外形图

1—取力装置; 2—下车操纵阀; 3—副车架; 4—举升液压缸; 5—支腿锁; 6—支腿液压缸; 7—滑道;
8—叉架; 9—工作平台; 10—台上操纵阀; 11—液压油箱; 12—平衡阀; 13—液压系统

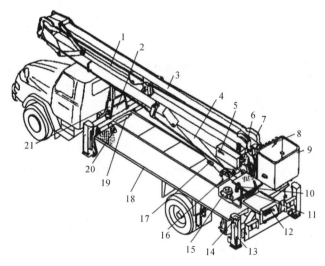

图6-8 折叠臂式高空作业车外形图

1—臂液压缸; 2—液压油箱; 3—工作臂; 4—变幅液压缸; 5—斗下操纵阀; 6—液压系统;
7—工作平台平衡机构; 8—斗上操纵阀; 9—工作平台; 10—中心回转接头; 11—回转支承;
12—下车操纵阀; 13、14—支腿锁; 15—回转减速器; 16—转台; 17—平衡阀;
18—走台; 19—支腿水平液压缸; 20—取力装置; 21—支承架

底盘结构突破了传统的设计理论和方法,通过优化上车平台总体布局与载荷分布,减少了重心偏移。采用独特的大角度后仰式铰点结构,合理设置多种配重模块,有效地平衡了工作力矩。采用 H 形变截面复合箱梁刚性车架和高负荷实心橡胶轮胎,增加了底盘整体刚度,保证了整机行驶、作业过程的稳定性,实现了高空作业升降平台车带载行驶的功能。

高空作业车除液压式底盘外,还有工作装置、动力传动装置、液压系统以及最重要的安全装置来实现其高空作业的功能。其中工作装置包括支腿机构、举升机构和回转机构等。动力传动装置包括高空作业车各工作装置的动力传动部分,常见的有内燃机传动和电力传动。

按照升降机的形式,可以将高空作业车分为伸缩式、折叠式、垂直升降式和混合式等 4 种基本形式,不同的升降形式可以满足不同场所的需求。曲臂式高空作业车移动方便、曲臂结构紧凑、质量轻、强度高、升降机架设速度快,具有伸缩臂,工作台可升高又可延伸,可 360°旋转,易于跨越障碍物到达工作位置。剪叉式高空作业车是用途广泛的高空作业专用设备。它的剪叉机械结构,使升降台起升有较高的稳定性,宽大的作业平台和较高的承载能力使高空作业范围更大并适合多人同时作业。它使高空作业效率更高,安全更有保障。

6.2.2 动力传动装置

动力传动装置包括高空作业车各工作装置的动力传动部分,其要求有:在规定的载荷范围内,不论载荷大小,动力传动装置具有稳定的工作转速。在同一作业循环内,工作装置的回转机构和举升机构等必须正向和逆向运动交替进行。因此,要求能适应运动方向的不断改变。在作业过程中,各工作装置的工作速度应能随作业进度及时调整,且调速范围大,如举升机构需要有很低的微动速度。

动力传动有以下几种形式。

(1)内燃机-机械传动。这种传动方式仅在用途单一的高空作业车上使用,如用于电力设施维修的垂直升降式高空作业车多采用这种形式。动力源为汽车发动机,动力经变速器传出后,还要经过分动器、离合器、减速器、卷扬机、滑轮及钢丝绳等传递到工作装置,传动线路长,机构较复杂。

(2)电力-机械传动。这种传动方式是利用外接电源或车载电源(蓄电池),通过电动机将电能转变为机械能,再经过机械传动装置传递到各工作装置。由于电动机具有可逆转性和在较大转速范围内实现无级调速等特点,并且各机构可有独立的电机驱动,简化了传动和操纵机构,而且噪声小,污染少,所以适用于外接电源方便或流动性不大的场地作业。

(3)内燃机-电力传动。这种传动方式的路线是汽车发动机—发电机—电动机,然后带动各工作装置运转。其优点是利用直流电动机的优良工作特性,使高空作业车获得较好的工作性能。但这套传动装置质量较大,价格昂贵。

(4)内燃机-液压传动。大部分高空作业车都采用这种传动方式,它可充分利用液压传动的优点,简化传动结构,并且易于实现无级调速和运动方向的变换,传动平稳,操作简单、方便、省力,能防止过载。液压传动的动力来自汽车发动机变速器通过取力器所输出的动力,也有通过分动器的。通用汽车底盘汽车变速器有左取力口、右取力口和上取力口来安装取力器。高空作业车根据选用汽车底盘的取力口来安装取力器。取力器有手动与气动两种操纵方式。取力器及油泵、连接座、传动轴组成取力装置。取力装置如图 6-9 所示。

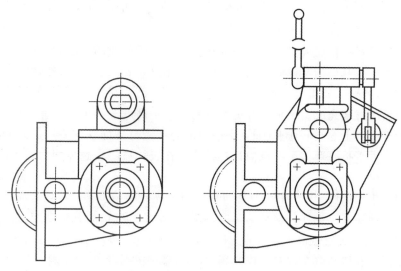

图 6-9 取力装置

取力装置只是在高空作业时使用,在行驶时,务必将取力装置脱开。取力装置的结合与脱离是通过安装在驾驶室内的手柄和气阀操纵取力装置拨叉,使取力装置内的滑动齿轮啮合或分离,再通过传动轴驱动油泵工作,实现发动机机械能到液压能的转换。

高空作业车的工作装置包括支腿机构、举升机构、回转机构、作业平台及其调平机构等。

(1)支腿机构。目前多采用液压支腿。利用汽车发动机取出的动力来驱动液压泵,通过控制阀把液压泵产生的液压油供给液压支腿工作缸,实现支腿伸缩。在高空作业车两侧,一般设有操纵杆,可使前后左右 4 个液压支腿单独伸出或缩回,因此即使在不平整或倾斜地面上,也能将车体调整到水平状态,安全作业。

(2)举升机构。举升机构可实现作业平台的升降和变幅。

1)垂直升降式举升机构按传动方式可分为液压传动和机械传动,按其结构形式可分为交叉剪刀式和套筒式。交叉剪刀式按交叉布置,铰接成剪刀形的连杆框架结构。当改变连杆交叉的角度即实现升降运动。连杆交叉角度的改变,可通过液压油缸活塞杆的伸缩或钢丝绳的收放来实现。套筒式有桁架式、箱式或圆筒式,通过多节套筒的伸缩完成升降运动,驱动方式可采用液压传动或钢丝绳滑轮传动。这种垂直升降式举升机构作业高度有限,工作范围较小,但工作平台较大,且支撑稳定。

2)动臂式举升机构可分为伸缩臂式或直臂式(见图 6-1)、折叠臂式或曲臂式、混合臂式等形式,这是目前主流的举升机构形式。伸缩臂式举升机构由多节套装、可伸缩的箱形臂构成,包括基本臂和伸缩臂,伸缩臂可为一节或多节,各节间装有液压缸。只不过在其末端装有作业斗或其他作业装置,而不仅是起重吊钩。它也有变幅液压缸和伸缩液压缸,以实现臂架的变幅和伸缩。伸缩臂节数依据高空作业汽车的最大作业高度而异,对于作业高度不大的汽车,只有 1～2 节伸缩臂。这种形式的作业车最大作业高度可达 60～80 m。由于伸缩臂式举升机构可获得较大的作业高度和变幅,所以被广泛地用于各种高空作业车上。然而,这种作业车的越障能力较差。伸缩臂式举升机构包括基本臂、伸缩臂和液压缸等。当液压缸工作时,各节臂在液压缸活塞杆的推动下可沿导向元件上下滑动,从而改变臂架的长度。折叠臂式举升机构由多节箱形臂折叠而成,可分为上折式和下折式,各节臂的折叠和展开由各节间的液压缸完成。可完成一定高度和幅度的作业,下折式可完成地平面以下的空间作业。混合臂式举升机构由折叠臂和伸缩臂混合而成,结合了两者的优点,扩大了作业的高度和幅度,并有较强的越障能力。折叠臂式举升机构又称曲臂式举升机构(见图6-2),通过多节箱形臂折叠而成。一般采用2~3节折叠臂。其折叠方式可分为上折式和下折式两种。各节臂的折叠与展开运动均由各节间的液压缸来完成。这种举升机构可完成一定高度和幅度的作业,下折式举升机构还可以完成地平面以下的空间作业(如立交桥涵下的维修与装饰等作业),扩大了高空作业汽车的作业范围。由于折叠臂式举升机构具有灵活多样、适应性好、越障能力强等优点,应用非常广泛。

3)剪式举升机构如图6-4所示,多组交叉连杆框架铰接成剪形。一般是通过装在连杆框架间的液压缸的伸缩来改变连杆交叉的角度,从而改变举升机构的升降高度。这种垂直升降的剪式举升机构能完成较低高度的作业,工作平稳,作业平台较大,被广泛用于飞机、船舶制造、室内维修、维修和清洁电车线路等作业场地。但是,这种作业车越障能力差、工作范围小。

4)套筒式举升机构如图6-5所示,由桁架式、箱式或圆筒式套筒套合在一起,利用液压缸、钢丝绳或链条带动多节套筒进行伸缩,完成升降动作。这种举升机构的使用特点与剪式举升机构相似。

5)云梯式举升机构如图6-6所示,由多节桁架式梯子套合在一起,利用液压缸和钢索控制云梯的升降,通过变幅液压缸控制云梯的变幅。这种举升机构结构简单,质量小,功能全,适应性强,工作可靠,能迅速到达作业场点,被广泛用于消防汽车(即云梯消防车)上。

(3)回转机构。通常采用全回转式回转机构,正反转方向可根据作业需要进行选择。一般由液压马达带动具有减速作用的机械回转装置旋转。回转机构的回转部分和作业平台均安装在回转支承即转台上。驱动装置固定在转台上,其下端装有驱动齿轮。回转支承由转台和与车架固定连接的内齿圈座组成。当驱动装置转动时,经齿轮与固定齿圈啮合,齿轮沿齿圈滚动,带动转台回转。在转台与固定齿圈座之间装有滚球或滚柱,以便减少转台的摩擦阻力。回转机构的机械传动形式可采用蜗杆蜗轮、摆线针轮或行星齿轮等传动方式。

(4)作业平台及调平机构。举升机构的端部连接作业平台,是用于载人或器材的基本构件。为保证作业人员安全工作和防止器材掉落,各国对作业平台的结构和性能提出了明确的要求。如平台的护栏高度、平台宽度、平台的防滑表面和平台上的安全带等。

为了使作业平台的底平面在作业过程中始终保持水平,高空作业车上装有作业平台保持水平的自动调平机构,主要有机械式、机液组合式和电液组合式等三类。

6.2.3 副车架、支腿与安全装置

副车架是高空作业车整车的主要钢结构件。支腿与副车架焊装在一起。选用通用底盘时,副车架与汽车底盘的车架通过U形螺栓或者双头螺栓紧固在一起,起连接高空作业车上、下车的作用;选用专用底盘时,副车架、支腿与底盘的车架多采用一体化结构;作业状态时,副车架、支腿起支撑整车质量和工作载荷、保持作业稳定性的作用。

高空作业车副车架由合金钢板组焊接而成,大多采用箱形结构,内衬若干加强板,上面板局部有所加强,尤其在与回转支撑连接部位,具有较高的强度和刚度。支腿根据选装轻型、中型、重型汽车底盘的不同,以及相关作业高度、工作载荷、工作幅度等有两支腿、四支腿和伸缩

支腿等多种形式。根据结构形式,支腿又可分为蛙式支腿、H 式支腿和 X 式支腿。

1. 蛙式支腿

图 6-10 所示为一种蛙式支腿的结构示意图,支腿的伸缩动作由一个液压缸完成,支腿液压缸为双作用活塞式,其缸体与车架铰接,活塞杆与活动支腿铰接。活塞的工作容积分为有杆腔和无杆腔,其结构如图 6-11 所示。在运动过程中,支腿除了有垂直位移 Δy 外,在接地过程中还有水平位移 Δx(见图 6-12)。这种形式的蛙式支腿结构简单,数量少,一支腿一液压缸,结构质量少。但支腿在伸出过程中受摇臂尺寸的限制,支腿的跨距(见图 6-12 中的 $2a$)不能很大,调平性能差,且在支腿反力变化过程中有爬移现象。

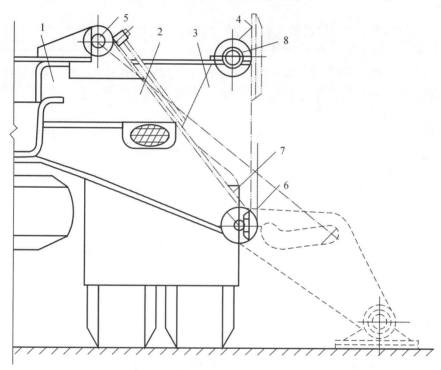

图 6-10 蛙式支腿
1—车架; 2—固定支腿; 3—活动支腿; 4—支承脚; 5~8—销轴

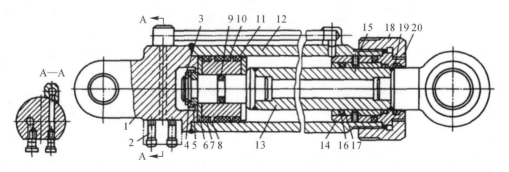

图 6-11 支腿液压缸的构造
1—缸盖; 2—螺栓; 3—轴用挡圈; 4—卡键帽; 5—轴用卡键; 6—挡板; 7—Y 形密封圈;
8、17—挡圈盖; 9、16—O 形密封圈; 10—尼龙套; 11—活塞; 12—缸筒; 13—活塞杆;
14—导向套; 15—销子; 18—压盖; 19—防尘毡圈; 20—刮尘圈

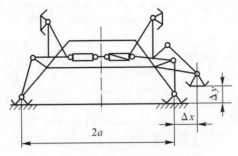

图 6-12 蛙式支腿的运动示意图

蛙式支腿在结构上又可分滑槽式和四连杆式,如图 6-13 所示。滑槽式支腿[见图 6-13(a)]是在支腿的摇臂上开有滑槽,在支腿的支脚着地后,液压缸活塞头部沿着槽外滑,使力臂从 r 增大到 R。因此,滑槽式的蛙式支腿改善了在支腿接地后有水平位移的缺点,减少了液压缸中的闭锁压力。但是液压缸仍承受着支腿反力所引起的压力。四连杆蛙式支腿[见图 6-13(b)]则可将支腿反力直接传到车架上,液压缸只是在抬起高空作业车时受力,一经抬起后,连杆 12 正和连杆 23 成一直线,力直接由连杆 321 传至铰接点 1(此点和车架相连)上,同时液压缸无外漏部分,并呈水平状。

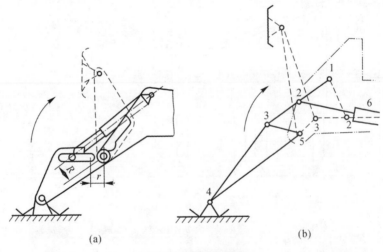

图 6-13 蛙式支腿分类
(a)滑槽式; (b)四连杆式
1~5—铰接点号; 6—液压缸

2. H 式支腿

高空作业车 H 式支腿如图 6-14 所示,这种形式的支腿对地面适应性好,易于调平,且在支腿反力变化过程中无爬移现象,是高空作业车较理想的支腿形式。H 式支腿有两个液压缸驱动,即水平的推力液压缸和垂直的支承液压缸。根据跨距的大小,亦可作成无水平移动或有水平移动的。为保证支腿结构体系的稳定,垂直支腿须与水平横梁固结在一起,为取得更大的外伸距离,左右支腿布置成相互错开的形式。H 式支腿稳定性好,广泛应用于高空作业车上。

第6章 高空作业车

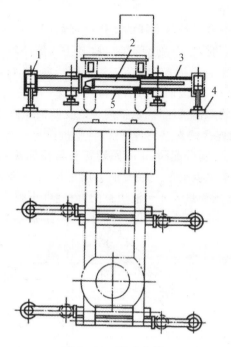

图6-14 H式支腿
1—垂直支承液压缸； 2—水平伸缩液压缸； 3—伸缩支腿； 4—支承脚； 5—固定套梁

3. X式支腿

高空作业车X式支腿如图6-15所示，这种支腿的垂直支承液压缸作用在伸缩腿的中间，在推力液压缸将腿伸出后，垂直支承液压缸将支腿压向地面，使轮胎离地[见图6-15(a)]。四个伸缩腿是同步工作的，而垂直支承液压缸可同时顶升，也可单独动作，以便对车架进行调平。由于X式支腿的垂直支承液压缸作用在横梁中间，而横梁又直接支承在地面上，这就比H式支腿更加稳定。但X式支腿离地间隙小，在伸支腿的接地过程中有水平位移运动，从而加大了液压缸的推力[见图6-15(b)]。

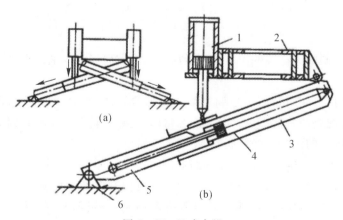

图6-15 X式支腿
(a)轮胎离地； (b)横梁中部承受液压力
1—垂直支承液压缸； 2—车架； 3—固定腿； 4—伸缩液压缸； 5—伸缩腿； 6—支承腿

液压支腿的工作原理如下。

高空作业车某种车型的蛙式液压支腿的动作原理如图 6-16 所示,当按箭头所示的方向操纵支腿分配阀 2 的阀杆 3 时,压力油经泵的出口 B 进入溢流阀 C、D 口,然后到换向阀 E 口,并沿虚线箭头方向从 C 口沿管道进入转阀 8。当转阀指向全通位置时,则转阀的前右、前左、后右、后左都和阀体内油道相通,因而压力油直接经转阀 4 个管口 n、H、W、Y 沿箭头方向从管道流至 4 个支腿油缸上面的双向液压锁,从锁内进入支腿液压缸 6 的无杆腔(大腔),压力油则推动活塞 5,使活塞支腿绕连接铰支点旋转下落,将整机撑起。与此同时,4 个支腿液压缸的另一腔液压油经双向液压锁、支腿分配阀、中心回转接头再流回油箱。如果收回支腿,只需将分配阀手柄沿箭头相反方向操纵就会改变油流的方向。从 E 口进入阀内的压力油从 d 口沿箭头指示的反方向,经双向液压锁进入 4 个液压缸的有杆腔(小腔),从而推动活塞。

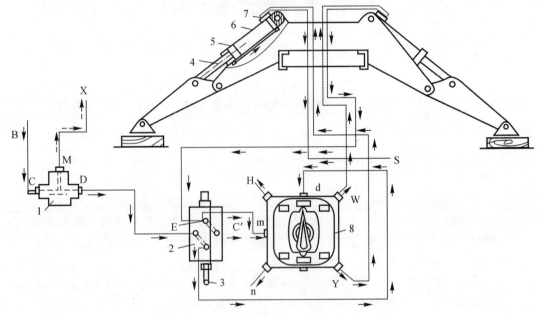

图 6-16 支腿机构的工作原理

1—溢流阀; 2—支腿分配阀; 3—阀杆; 4—活塞杆;
5—活塞; 6—支腿液压缸; 7—双向液压锁; 8—转阀

使支腿收回。同时无杆腔的液压油则沿箭头相反方向经双向液压锁、转阀、支腿分配阀流回油箱。

当车身不平时,可利用转阀单独调整某一支腿的高低,此时将转阀旋钮转至某一支腿位置,再操纵支腿分配阀的手柄即可。必须注意:打好支腿后转阀一定要转到全闭位置。

整个液压系统中的泄漏油经转阀的 M 口流回油箱。

高空作业车 H 式液压支腿的液压油路如图 6-17 所示,和前述的蛙式支腿一样,这类装置是利用从发动机取出的动力源来驱动液压泵,通过控制阀把液压泵产生的压力油供给液压支腿的液压缸,从而使液压支腿工作。在作业车的两侧,一般都配有操纵杆,操纵杆就可以使前、后、左、右 4 个液压支腿各自单独地伸出并顶起,因此即使不在平整和倾斜的地面上也能利用备置的水平仪,把机体调整到水平状态,如图 6-18 所示,以便能安全地进行作业。

第6章 高空作业车

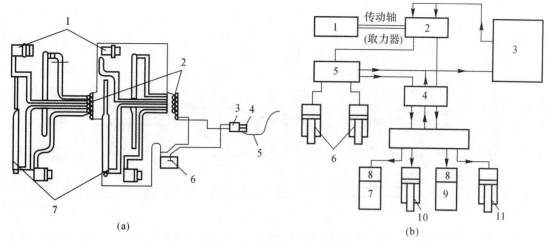

图 6-17 H式液压支腿的液压油路线路图
(a)H式液压支腿的液压油路图1；
1—垂直液压缸； 2—组合阀； 3—齿轮泵； 4—取力器； 5—取力器操纵杆； 6—油箱； 7—水平液压缸
(b)H式液压支腿的液压油路图2
1—车辆行驶用发动机； 2—液压泵； 3—油箱； 4—旋转油封； 5—分配阀；
6—液压支腿装置； 7—旋转装置； 8—液压马达； 9—卷扬装置； 10—伸缩装置； 11—起伏装置

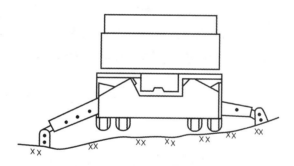

图 6-18 液压支腿调平示意图

高空作业车为确保液压支腿工作可靠，系统一般设置有支腿锁定阀（液压锁）和稳定器等安全装置。

(1)双向液压锁的结构及工作原理。高空作业车双向液压锁是设置在液压支腿缸上的安全装置，它可以使支腿保持在某一固定位置不动。如高空作业车是靠4个支腿来支撑整车以及工作装置负荷的，而支腿又靠支腿缸来支撑。若液压系统发生泄漏，支腿缸活塞就要缓慢缩回，这种现象称作"软腿"。发生软腿后，上车将失去平衡。此外，支腿缸是靠油管供油的，若工作中油管破裂，支腿会完全失去工作能力，可能造成整车倾翻。为了防止这类事故发生，在液压缸支腿上均设置有液压锁。一般高空作业车上采用双向液压锁，其结构如图6-19所示，这种液压锁既可以保证高空作业车在工作过程中的安全，又可以防止其在路途行驶或转移过程中支腿自行落下。

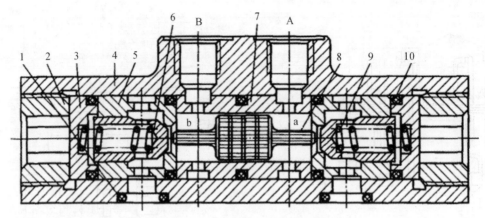

图 6-19 双向液压锁的结构

1、10—O形密封圈； 2—丝堵； 3—压盖； 4—阀体；
5—阀座； 6—阀芯； 7—阀套； 8—活塞； 9—弹簧

高空作业车双向液压锁的工作原理如图 6-20 所示。当液压支腿处在停止动作状态[见图 6-20(a)]时，也就是不操纵支腿换向阀时，A(或 B)口终止了进油(或出油)，而阀内定心两端的进出油道被阀芯 3 锁死，保证了支腿位置固定不动。

当操纵支腿分配阀使其处在放支腿位置[见图 6-20(b)]时，压力油自 A 口进入 a 腔，推开右端阀芯后进入支腿液压缸无杆腔，推动活塞，从而使支腿放下，与此同时，a 腔压力油通过活塞 5 打开双向液压锁左端阀芯 3，使液压缸有杆腔的油液在活塞的推动下，经双向液压锁，由 b 腔经 B 口流回油箱。

操纵支腿分配阀收回支腿的动作如图 6-20(c)所示。

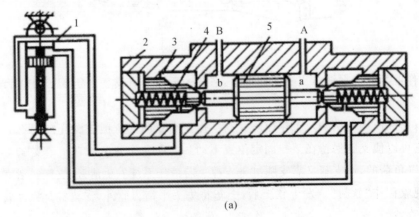

(a)

图 6-20 双向液压锁的工作原理
(a)支腿停止动作时双向液压锁的工作状态
1—支腿缸； 2—阀体； 3—阀芯； 4—弹簧； 5—活塞

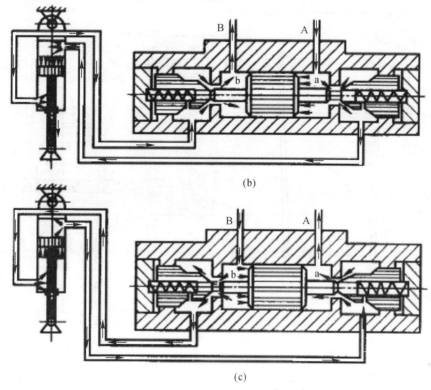

续图 6-20 双向液压锁的工作原理
(b)放支腿时双向液压锁的工作状态； (c)收支腿时双向液压锁的工作状态

高空作业车在工作中若发现双向液压锁失灵、漏油或锁不住时,应先检查转阀是否指向全闭位置。如在全闭位置,那就有可能是液压锁中有异物或阀芯锥面有伤痕,若是锥面伤痕,则须研磨修复或更换阀芯。但须特别注意,拆卸时每副液压锁的零件应保持原套,不能错换。若油封损伤,则需更新。

(2)稳定器的组成及工作原理。高空作业车四支腿的副车架都装置稳定器。稳定器有悬挂钢绳、固定楔块和油缸挂钩等不同结构。固定楔块和油缸挂钩采用液压控制,能将后桥勾起;悬挂钢绳在后桥上行驶时与后桥间预留了间隙,支腿撑起时,间隙消除。钢绳将后桥托起,使轮胎不与地面接触,确保作业稳定性。稳定器如图 6-21 所示。

6.2.4 工作臂与举升机构

高空作业车斗臂式的工作臂由基本臂、伸缩臂和折叠臂构成;台架式的工作臂由叉架、衔架、套筒和箱笼等构成。斗臂式的工作臂为水平放置,台架式的工作臂为竖直放置。

高空作业车斗臂式的工作臂如图 6-22 所示,虽种类繁多,但一般为箱形结构。臂截面形状有矩形、大圆角短形和多变形等,臂截面有等截面与变截面之分。国产高空作业车的工作臂由高强度低合金钢板焊接制成,通常选用 16Mn、15MnTi 等普通高强度的钢材,16Mn 价格低廉,综合力学性能、焊接性能、冷弯性能都较好,故采用较多。对于有绝缘性能要求的的工作臂则选用高绝缘材料玻璃钢等材料制作。

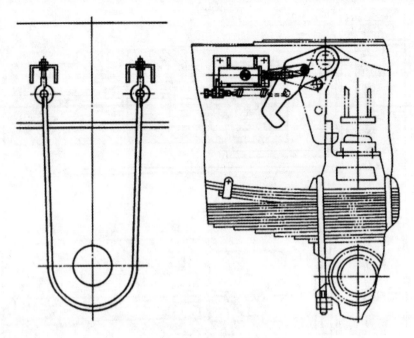

图 6-21 稳定器

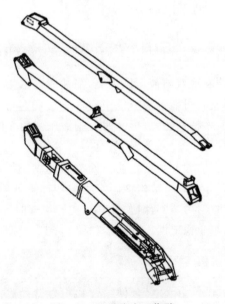

图 6-22 斗臂式工作臂

箱形伸缩臂的相对运动部分上、下、左、右四面都装有滑块。滑块为铜、球铁或工程尼龙等耐磨材料。滑块对伸缩臂起导向与定位作用，使各节臂在伸缩移动时，保证平滑顺利，减少磨损。臂与滑块间隙的调整要合适，上下方向的间隙约为 5 mm，左右两侧的间隙约为 1 mm，还需注意润滑、检查和定期调整。

台架式的工作臂可分为剪叉式和直升式两类。

剪叉式为长度相等的支撑杆件交叉铰接成多级剪刀形,下端与滑块相接,可在滑轨上移动,改变叉杆交叉的角度即可实现平移举升运动。

直升式为桁架、套筒、箱笼多级套装,依据传动机构的移动实现垂直升降举升运动。

高空作业车的斗臂和台架的升高全都依托举升机构的运动来实现。

直臂式(伸缩臂式)举升机构主要由变幅油缸、伸缩臂油缸和工作臂构成。变幅油缸与转台和工作臂铰接,通过变幅油缸活塞杆的伸缩,实现工作臂的摆动,使臂变幅和升高。伸缩臂油缸铰接在工作臂的各臂上,通过伸缩臂油缸活塞杆的伸缩,使套装在工作臂内的各节臂移动,使工作臂改变长度,增加工作高度和幅度。伸缩臂油缸有顺置式和倒置式两种装法。臂的伸缩有顺序伸缩和同步伸缩多种形式。

曲臂式(折叠臂式)举升机构主要由变幅油缸、折叠臂油缸和工作臂构成。变幅油缸与转台和工作臂铰接,通过变幅油缸活塞杆的伸缩,实现工作臂的摆动,使臂变幅和升高。折叠臂油缸铰接在基本臂和折叠臂上,可直接铰接或者通过连杆铰接,用单油缸或者双油缸铰接。折叠臂可上折、下折或侧折,折叠臂可一节折叠,也可两节折叠。通过折叠臂油缸活塞杆的伸缩使各种折叠臂张合,进一步扩大工作高度和工作幅度。

混合臂式(伸缩臂+折叠臂)举升机构由伸缩臂式和折叠臂式举升机构组合而成,兼有二者的优点,既可基本臂设置多节伸缩臂,又可折叠臂设置多节伸缩臂,还可以基本臂、折叠臂同时设置多种伸缩臂,工作高度更高,工作幅度更大,专用空间最小,是斗臂式高空作业车的最佳举升形式。

剪叉式和直升式举升机构都是由举升油缸和叉架、桁架、套筒和箱笼等构成,也有采用钢绳、链轮的。剪叉式和直升式的主要区别就在于举升油缸的铰接位置。剪叉式举升油缸的铰接点布置在剪叉杆的滑动铰接处或者中点,通过举升油缸活塞杆的伸缩,推动剪叉连杆改变角度,从而实现升高;直升式举升油缸则竖直布置,通过举升油缸活塞杆的伸缩,直推套装的桁架、套筒、箱笼升高,举升油缸多为多级油缸。

6.2.5 转台与回转机构

高空作业车的转台可绕回转中心作360°全周回转。机架是斗臂式高空作业车必不可少的重要总成(一般台架式高空作业车都不需要回转)。转台上面连接工作臂、举升机构、工作斗、工作斗平衡机构,通过液压传动,将人和物举送到高空作业车工作空间范围内的任何位置;下面通过回转支承,使高空作业车的上车与下车以滚动支承形式连接起来,将上车质量及工作载荷传递到副车架,进而到汽车底盘的底架上。

高空作业车转台上安装有回转机构。回转机构由液压马达、回转减速器、回转支承构成。高空作业车回转机构的工作速度必须很慢,因此它的传动比要大,回转机构的作用就是低速回转并增大转矩。

回转减速器常用以下三种形式。

(1)涡轮蜗杆减速器。这种传动方式有较大的传动比,成本低,但传动效率低,使用寿命短。

(2)摆线针轮减速器。这种传动方式为少齿差行星减速,传动比较大,传动效率较高,结构紧凑,体积小,自重轻,成本较高,使用寿命较长。

(3)两级行星减速器。这种传动方式传动比大,传动效率高,结构紧凑,体积亦小,但成本高。

回转减速器输出小齿轮下置,与回转支承齿圈啮合,从而带动转台回转。

回转支承是高空作业车承上启下的大型滚动轴承。它的作用是连接与支承,可承受高空作业车的全部载荷、上车的自重、举升载荷产生的力矩、风载荷和回转惯性力等,承受轴向、径向和倾翻力矩。

回转支承有多种结构形式:单、双排滚球式,单、双排交叉滚柱式,单、多排滚球/滚柱式等;回转支承有两种传动方式:外齿啮合和内齿啮合。

滚球式的滚动体是钢球,为四点线接触,机构紧凑,质量轻,允许安装中存在适当的误差。

交叉滚柱式的滚动体是圆柱式滚柱,交叉90°排列,为面接触,结构紧凑,质量轻,且寿命长,承载能力大,但需要较高的安装精度和座圈刚度。

滚球式和滚柱式回转支承如图6-23所示。

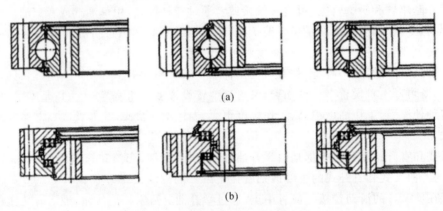

图6-23 滚球式和滚柱式回转支承
(a)滚球式; (b)滚柱式

6.2.6 作业平台及调平机构

高空作业车的工作平台用于承载人和物,它主要由底板和防护栏构成。底板下有L形托架,并在相应部位装设了连接座,以与工作臂铰接。有的开设了可朝内开的门或挡杆、挡链及踏脚,方便人员进出。工作平台一般采用普通管材、型材制作,或采用铝合金管材、型材,减轻工作平台自重,增加有效载荷。具有绝缘性能的工作平台选用高绝缘材料的玻璃钢、增强塑料,往往将防护栏杆换成全周封闭的围板,就像一个无盖的箱笼。工作平台的构件具有可靠的强度和刚度,底板必须是防滑的,以保证平台上人员的人身安全。

斗臂式高空作业车的工作斗(平台)在空间运动的轨迹是曲线,为了始终保持工作斗(平台)的承载面与地面平行,配置了工作斗(平台)平衡机构。台架式高空作业车的工作平台在空间运动时基本是垂直升降,因此不必配置平衡机构。

斗臂式高空作业车的工作斗平衡机构主要有以下三种。

(1)机械式。有四杆机构、钢丝绳机构、钢丝绳与链轮机构、锥齿轮机构及它们的组合机构。

(2)机液组合式。主要包括机械与静压液压缸组合机构。

(3)电液组合式。主要包括电-液伺服机构。

(1)机械式调平机构有以下几种。

1)自重调平机构。如图6-24所示,高空作业车平台1以其重心轴线上一点作为铰点,悬挂在臂杆3前端的铰轴2上,靠平台自重自动调平。其原理是将作业臂的顶端与作业平台质心铅垂线上的一点铰接,这样使工作臂无论做什么运动,作业平台始终处于铅垂状态,其底平面能保持水平位置。但是这种机构在举力过程中由于惯性力的作用及作业人员的质心不能与作业平台的质心完全重合,使作业平台出现偏移和偏摆,减少了安全感,这种机构已很少采用。

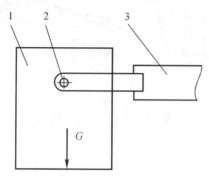

图6-24 自重调平机构
1—平台; 2—铰轴; 3—臂杆

2)平行四连杆调平机构。如图6-25所示,该机构应用平行四边形原理,即平行四边形的两组对边分别平行,在两节折叠臂系统上要有两个或三个平行四边形,其相邻间有一个公共连接件构成运动中始终相互平行的四连杆机构。图6-25有三个平行四边形,其中$OO_1//AA_1(AA_2)//BB_2$,$BB_1//CC_1$,AA_1与AA_2、BB_2与BB_1为相邻平行四边形的公共连接件,OO_1在转台1上始终不动,因此在作业时随各平行四边形的角度变化,平台9的CC_1始终保持原始状态不变。平行四连杆调平结构较简单,调整、维修方便,调平精度较高,且较平稳,但是在臂杆外双侧对称布置,因此结构不紧凑,往往影响臂杆外部其他部件的布置,又由于平行四连杆的限制,平台9与第二节臂杆7的摆角不能大于180°,所以它只可在两节折叠臂的车型上单独应用。

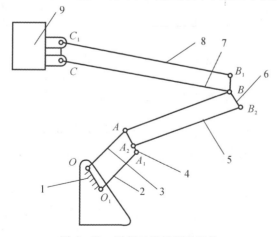

图6-25 平行四连杆调平机构
1—转台(机架); 2—连架杆; 3—第一节臂杆(OAB);
4、6—连接件; 5、8—连杆; 7—第二节臂杆; 9—平台

3)链条式调平机构。高空作业车链条式调平机构(见图6-26)的链轮2、11分别固连在转台1和平台12上,同心双联链轮5、8都是等直径的,绕其啮合的各级链条拉杆随臂杆摆动所收放的长度相等,使平台始终处于水平状态。

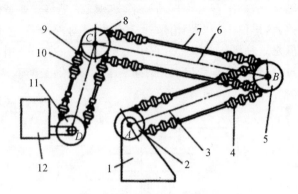

图6-26 链条式调平机构

1—转台; 2、11—链轮; 3、6、9—第一、二、三节臂杆;
4、7、10—第一、二、三级链条拉杆; 5、8—同心双联链轮; 12—平台

4)钢丝绳式调平机构。该机构(见图6-27)的滑轮2、10分别固连在转台1和平台11上。钢丝绳7按图示绕在等直径的滑轮2、5、8、10上,两端分别固定在转台1和平台11上,并靠平台11的自重始终张紧,各节臂杆变幅时,钢丝绳7绕滑轮收放长度相等,使平台始终保持水平。

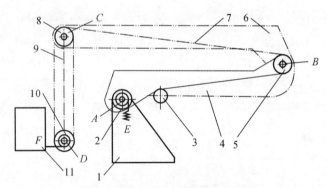

图6-27 钢丝绳式调平机构

1—转台(机架); 2、5、8、10—滑轮; 3—支撑轮; 4、6、9—第一、二、三节臂杆;
7—钢丝绳(E、F为钢丝绳两固定端); 11—平台

5)平行四连杆与链条构成组合形。如图6-28所示,链轮10和13分别与连杆9和平台14固连,其中由各件组成4个平行四边形,各节臂杆分别绕铰轴O、B、C摆动或同时摆动,都会带动调平机构向相反方向调整平台。

图6-26所示的链条式和图6-27所示的钢丝绳式调平机构的共同特点是都能满足平台和臂杆大于180°的调平,适用于三节全折臂车型,而且在臂杆内部双侧对称布置,结构紧凑,易于安装、调整和维修,链条式的调平精度、平稳性和可靠性好于钢丝绳式,而且链条式多同平行四连杆或静液压式构成组合形。

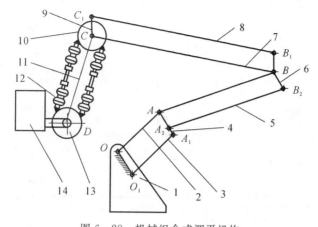

图 6-28 机械组合式调平机构

1—转台； 2、7、11—第一、二、三节臂杆； 3—连架杆； 4~6、8、9—连杆；
10、13—链轮； 12—链条拉杆； 14—平台

(2) 机液组合式调平机构有以下几种。

1) 静液压调平机构。静液压调平机构如图 6-29 所示，其原理是利用油液体积不变原理，当臂杆 2 在变幅液压缸（图中未画出）作用下抬起某个角度，调平液压缸 3 伸长，有杆腔油液被排出而流入同规格的调平液压缸 5 的有杆腔，同时双向液压锁 4 被开启，液压缸 5 的无杆腔油液流入液压缸 3 的无杆腔，使平台 6 在由两个液压缸 3、5 与转台 1、臂杆 2 所构成的两个相互关联的三角形角度变化过程中始终保持水平。图 6-29 所示的静液压式结构将臂杆居中布置，较为简单，调整维修较方便，调正精度为 0°~2°，适用于折叠臂的基本臂段和可伸缩的基本臂段车型，调平角度不宜大于 90°，因此在多节全折臂上以组合形式（见图 6-31）应用。

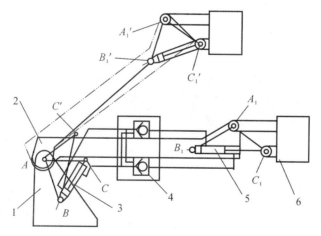

图 6-29 静液压调平机构

1—转台； 2—臂杆； 3、5—调平液压缸； 4—双向液压锁； 6—平台

工作中静液压系统由于密封和接头等漏油，长期工作后会给平台带来倾斜，需要在液压系统上设置补油装置，图 6-30 所示为静液压调平机构液压系统原理。工作中，两个截止阀 2 关闭形成一个封闭自动调平回路，工作一段时间后平台倾斜时，打开截止阀 2，再扳动换向阀 1

进行补油。

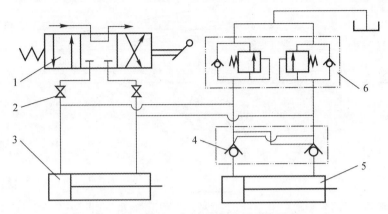

图 6-30　静液压调平机构液压系统原理
1—换向阀；2—截止阀；3—主动液压缸；4—双向液压锁；5—被动液压缸；6—双过载补油阀

2) 静液压与链条构成液压机械组合式。液压机械组合式调平机构（见图 6-31）由三部分组成：一部分是由转台 1,第一节臂杆 2,连杆拐臂 6 和液压缸 3、5 组成的静液压机构；另两部分是由第二节臂杆 9,链轮 7、10,链条拉杆 8 和第三节臂杆 11,链轮 10、13,链条拉杆 12 组成两个平行四边形。链轮 7 和 13 分别与连杆拐臂 6 和平台 14 固连,链轮 10 为双联同心链轮。各节臂杆分别或同时绕绞轴摆动时,按静液压调平和链条调平原理都能向相反方向调整平台。

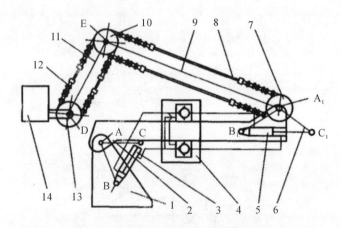

图 6-31　液压机械组合式调平机构
1—转台；2、9、11—第一、二、三节臂杆；3、5—液压缸；4—双向液压锁；
6—连杆拐臂；7、10、13—链轮；8、12—链条拉杆；14—平台

(3) 电液组合式,即电-液伺服调平机构。它是通过重锤发出电信号,再由比例阀将电信号转换成液能操控油缸、液压马达动作,带动工作斗随动与地面始终保持平行。混合臂式高空作业车的工作斗的平衡多采用这种形式。

图 6-32 所示为一种电-液伺服调平系统原理框图。

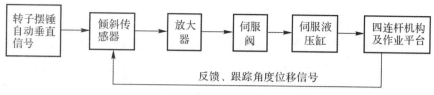

图 6-32　电-液伺服调平系统原理框图

6.2.7　操作及安全保护装置

高空作业车工作平台的操纵控制室形式略有差别。斗臂式多配备了上下两套操纵机构。台架式一般仅在工作平台上配置一套操纵机构。上下两套操纵机构具有同样的使用功能，而且下操纵机构还具有超越上操纵机构的作用。上下两套操纵机构有以下三种形式。

(1) 两手动换向阀操纵。上下均装设多联手动换向阀组，两阀之间加装了一换向阀，控制上下油路转换；油管需与上下两阀相通，管路复杂。

(2) 液动先导阀操纵。先导阀设斗上，换向阀设斗下，液动遥控操纵。

(3) 电液(比例)阀操纵。电控开关设斗上，电磁阀设斗下，只需电缆连接电控开关，电动遥控操纵。

为了防止液压升降的作业平台因作业中出现故障而自由下沉，必须在液压系统中设有安全装置。国内一般采用平衡阀作为液压缸的锁定与下降超速保护装置。

对于采用电力-机械升降的作业平台，应配有防止因电路或动力传动故障而引起的作业平台自由下降的安全装置。对于靠单独提升钢丝绳或传动实现作业平台升降的系统，应有断绳安全保护装置，防止平台的自由下降。

高空作业车应配备紧急停止装置，并安装在操作者的应急位置。当发生错误操作时，该装置应能有效地排除由此而产生的故障和危险，保护高空作业车和人员安全。在公路上行进的高空作业车，若车上的动力传动装置出现故障，而作业人员又困在高空作业平台上，无法排除故障，可能发生阻碍道路交通的事故。因此，高空作业车必须设置辅助下降装置，如大型高空作业车可启动备用的动力装置，中小型高空作业车则采用手动泵人工辅助下降。

折叠式高空作业车为防止作业平台翻转，规定下臂处于接近水平状态时，上臂与水平面的夹角不允许超过78°。为此，在高空作业车上设置了限位行程开关，只要发生超过上述规定的情况，行程开关立即断电，液压油卸荷，防止上臂与水平面的夹角超过规定值。同时，蜂鸣器报警，提醒操作人员注意，防止事故发生。

6.2.8　液压传动系统

高空作业车行驶部分为机械传动，其他工作机构均为液压传动。斗臂式原动机为底盘发动机，台架式原动机通常采用电动机，一般为一套动力，个别采用两套动力。

某高空作业车液压系统原理图如图6-33所示。该液压系统为开式定量系统，分为油源、下车油路和上车油路三部分。动力源为油泵排出的压力油，可按需要分别单独给下车油路或上车油路供油，中心回转接头为上车油路和下车油路连接通道。

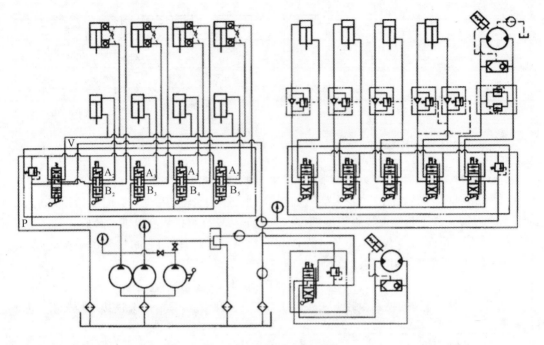

图 6-33 液压系统原理图

下车油路为支腿油路,由支腿操纵阀、支腿水平伸缩油缸和支腿垂直升降油缸组成。支腿操纵阀由一个先导式溢流阀(安全阀)、一个三位六通换向阀(选择阀)弹簧复位和四个三位四通换向阀(操纵阀,钢球定位)组成。泵开启,当选择阀操纵杆处于中位时,压力油从 P 口进,经选择阀 V 口通过中心回转接头进入上车油路。支腿动作时,首先可分别或同时操纵阀,使操纵阀都处于下位(即 A_2、A_3、A_4、A_5 工作),再操控选择阀也处于下位,支腿水平伸缩油缸伸出;反之,则缩回。同理,使操纵阀都处于上位(即 B_2、B_3、B_4、B_5 工作),再操控选择阀也处于下位,支腿垂直升降油缸伸出;反之,则缩回。单独调整某支腿水平伸缩油缸或支腿垂直升降油缸,只需要操控其对应的操纵阀杆处于相应位置,再操控选择。

支腿油路工作时,支腿伸出,应先伸出支腿水平伸缩油缸,后伸出支腿垂直升降油缸;支腿缩回,应先收支腿垂直升降油缸,再收支腿水平伸缩油缸。支腿伸缩完毕,选择阀杆必须恢复中位。

高空作业车支腿垂直升降油缸上都安装双向液控单向阀。它能使支腿垂直升降油缸在任意位置停留并锁紧,其结构和原理如图 6-34 所示。

高空作业车支腿锁由阀体、两端带外伸杆的控制活塞和一对锥阀式单向阀组成。油口 A、B 接通换向阀的压力油口和回油口,油口 C、D 接通支腿垂直升降油缸的有杆腔和无杆腔,当操纵换向阀时,压力油从 B 口进入支腿锁,打开左单向阀,从 D 口进入支腿垂直升降油缸无杆腔,同时通过控制活塞打开右单向阀,使支腿垂直升降油缸有杆腔油流从 C 口通过 A 口接通回油,活塞杆伸出;反之,活塞杆缩回,阀恢复中位时,单向阀复位。封闭油路,支腿垂直升降油缸上的载荷越大,锁紧程度越高,可靠地防止了活塞杆自动缩回,同时也能防止高空作业车行驶或停放时,支腿自动下落。

第 6 章　高空作业车

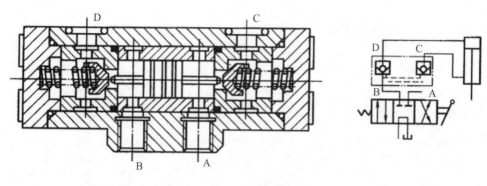

图 6-34　双向液控单向阀

上车油路包括变幅、基本伸缩臂、折叠臂伸缩回转和工作斗平衡等基本油路。各油路的供油、换向、停止都分别由对应的换向阀操控。换向阀内设溢流阀。换向阀为比例式电磁阀,也可为普通式手控、液控。

变幅、基本臂伸缩、折叠臂、折叠臂伸缩油路通常是由油缸来完成所规定的动作的。操控其对应的换向阀阀杆,油道联通。油泵排出的压力油打开平衡阀的单向阀进入油缸无杆腔,使臂起、伸、折,油缸回路经由另一油道回流油箱。反向操控,则压力油进入油缸有杆腔,使臂落、缩、叠。

变幅、伸缩、折叠油路都必须装设平衡阀(俗名限速锁)。平衡阀由单向阀与溢流阀组合而成。变幅、伸缩、折叠油缸在下降过程中,由于载荷或自重力的作用,速度越来越快,会导致失控,为可靠地控制下降速度,必须采取限速措施,加装平衡阀。

高空作业车回转油路由液压马达来执行回转工况。马达装有平衡限速、制动缓冲和补油等综合机能的双向缓冲阀。回转油路的换向阀,中位位置时的滑阀机能为 Y 型。双向缓冲阀从相反的方向并联在液压马达的进出油路上,在制动过程中,当一侧油路过载,而另一侧油路产生负压时,相应的缓冲阀立即打开,形成短路,使进回油路自行循环,防止了液压马达回油路压力突然升高带来的冲击和进油路因负压产生的汽浊现象。回转油路上还装设有梭阀,以控制制动器离合。

6.3　消防云梯车的结构特点

6.3.1　消防云梯车的功能与分类

装备有伸缩式云梯(可带有升降斗)、转台的举高消防车称为消防云梯车。消防云梯车是高空作业车中技术含量较高的车型之一,它体现了高空作业车的许多功能。

国外制定了云梯最大工作高度标准,如日本规定云梯的最大工作高度为 15 m、18 m、24 m、30 m 和 38 m 等五个级别和相应的补充规定。有的国家规定为 24 m、30 m、46 m 和 60 m。根据云梯的规定高度,即可选用与之相匹配的地盘。我国中、小型消防云梯车一般采用普通汽车底盘,而重型消防云梯车大部分采用专用底盘。

1. 直臂式消防云梯车

直臂式消防云梯车的云梯是 1~6 节,伸高可达 60 m。

直臂式消防云梯车有牵引半挂式、转台后置式和转台中置式 3 种形式。目前应用最多的是全液压转台后置式,图 6-35 所示为转台后置直臂式消防云梯车的外形,该车除具有一般消防云梯车的消防装置外,还具备云梯倾斜矫正装置、起伏装置、旋转装置、伸缩装置以及支撑消防云梯车的液压支腿装置等。

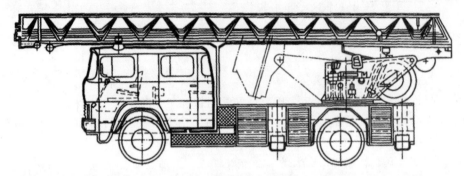

图 6-35 转台后置直臂式消防云梯车

(1) 倾斜矫正装置。该装置又叫找平装置,一般备有手动和液压自动两套机构。云梯升起时,由于地形等原因会发生梯体在梯磴轴线平面内倾斜的状况,这种状况对工作不利,为此要通过上述装置进行矫正,一般矫正范围为 ±5°。

云梯左右的矫正运动,实质上是由一套丝杆螺母实现的,螺母固定在梯子总成上,丝杆装在矫正框架上,同时在最下一节梯的上部位置设立一转动支撑销。可以通过装在丝杆端的手轮使丝杆转动,或者手轮装在另一平行轴两端,通过齿轮副使丝杆旋转。自动方式是将液压马达装在丝杆轴端(或装在其他地方,通过链轮带动丝杆轴)。自动控制过程是在梯子末端设有重锤机构,梯体横向倾斜时,重锤触及微控开关,电路控制液压马达转动,再经链轮、链条使丝杆旋转,于是螺母沿丝杆做轴向相对移动,使梯子尾端绕上部某处的支承支点转动,达到矫正的目的。

(2) 起伏装置。该装置是使云梯从水平状态到设计允许的角度范围内实现起伏的装置,其起伏运动由安装在云梯和云梯支撑架之间的液压缸完成,如图 6-36 所示。为保证不超越云梯的伸出长度和起伏角度所规定的范围,设有自动停止装置。

(3) 旋转装置。该装置由液压驱动,可以使转盘连续不断地旋转,并有遇障自动停止或防止由于诸如风力而自旋转的自控装置。

图 6-37 所示为回转机构。它可供云梯向左右周转 360°。回转传动装置固定在回转盘上,并由液压马达、涡轮减速器和圆柱齿轮组成。齿轮同固定圆盘的齿圈永久啮合,齿轮旋转,回转盘也就转动。

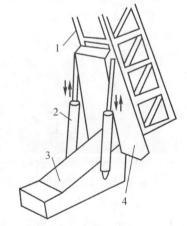

图 6-36 云梯的起伏装置
1—云梯主体; 2—起伏液压缸;
3—云梯支撑架; 4—倾斜矫正架

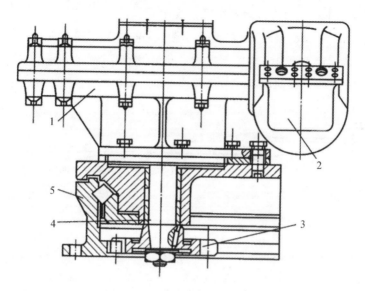

图 6-37 消防云梯的回转机构
1—减速器； 2—液压马达； 3—主动轮； 4—轴； 5—有齿圈的固定圆盘

(4) 伸缩装置及其工作原理。云梯总成如图 6-38 所示,其截面成门字形,高度和宽度逐节收小,上一节收容在下一节之中,上面扶手纵梁位于同一平面里。重叠在一起的各节梯的最下一节,用销轴固定在倾斜矫正框架上,不能伸缩。云梯的伸长和收缩,有的靠长油缸,但现在大部分用卷盘钢锁来实现。卷盘的旋转靠液压马达通过蜗轮、蜗杆等得到动力。

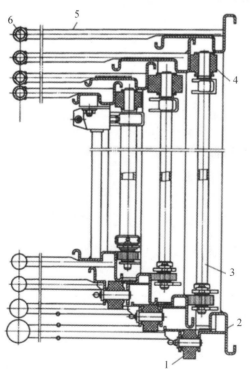

图 6-38 云梯总成
1—导向辊子； 2—梯纵架； 3—梯磴； 4—支承辊子； 5—桁架连接杆； 6—扶手

图 6-39 所示为 DL37 型消防云梯车梯节伸缩钢索的布置示意图。如图所示,第Ⅳ节梯的伸缩直接由卷盘钢索完成。伸梯钢索 3 的一端固定的第Ⅴ节梯的上端,绕过第Ⅳ节梯上端的滑轮,将其另一端固定于第Ⅲ节梯的下端。当卷盘将第Ⅳ节梯拉上去时,经它上面的伸梯钢索 3 向上展伸,于是第Ⅲ节梯便同第Ⅳ节梯同步上伸。

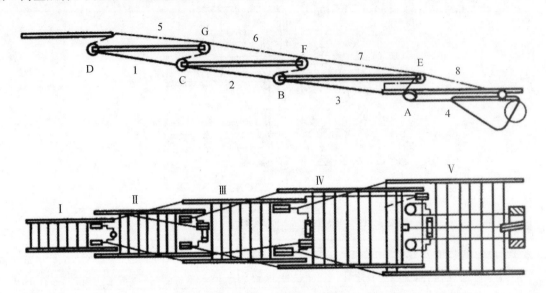

图 6-39 DL37 型消防云梯车梯节伸缩钢索的布置示意图
1~4—伸梯钢索; 5~8—缩梯钢索; Ⅰ、Ⅱ、Ⅲ、Ⅳ、Ⅴ—各节梯代号

伸梯钢索 2 的一端固定在第Ⅳ节梯的上端,绕过第Ⅲ节梯上的滑轮,将其另一端固定于第Ⅱ节梯下端。第Ⅲ节梯上伸时,经它上面的滑轮将伸梯钢索 2 向上伸直,于是第Ⅱ节梯便与第Ⅲ节梯同步上伸。其余类推。这样第Ⅳ节梯向上时,除第Ⅴ节以外的其余各节都同步上伸。

当卷盘通过缩梯钢索 8 将第Ⅳ节梯收回时,由于缩梯钢索 7 的一端系在第Ⅴ节梯的上端,绕过第Ⅳ节梯下端的滑轮,另一端系在第Ⅲ节梯的下端,这时经第Ⅳ节梯下端的滑轮,强制将缩梯钢索 7 向下伸直,于是第Ⅲ节梯便与第Ⅳ节梯同步下降缩梯。其余类推。这样第Ⅳ节梯由卷盘强制收缩时,Ⅲ、Ⅱ、Ⅰ节梯也同步收缩。

由于各节梯的钢索受载不同,因此其直径也不同。

云梯节数的选择取决于楼房的层次,如图 6-40 所示。云梯节数与高楼层次的大致关系为:对中型消防云梯车,云梯节数为 3~5 节,适用于 5~9 层的楼房;对于大型消防云梯车,云梯节数为 5~6 节,适用于 11~12 层的楼房。

图 6-41 所示为云梯使用范围,图中以水平线为底线,根据云梯的起伏角度就可以确定云梯的伸出长度和离地高度。

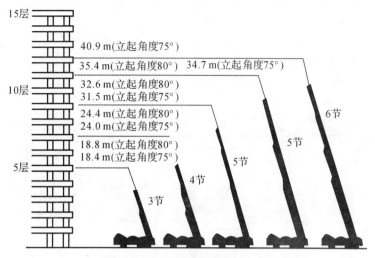

图 6-40 云梯节数和高楼层次的关系

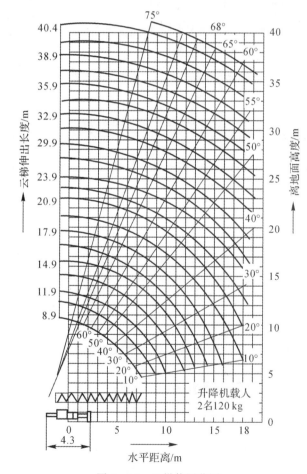

图 6-41 云梯使用范围

2. 曲臂式消防云梯车

图6-42所示为某种曲臂式消防云梯车的外形,由第2节箱形断面的上下塔杆,上下塔杆之间的液压油缸和下塔杆的液压油缸,上塔杆的作业平台,上塔杆和下塔杆倾斜角度的安全装置、旋转装置和液压支腿等组成。

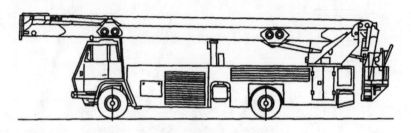

图6-42 曲臂式消防云梯车的外形

普通曲臂式消防云梯车,可在上塔杆顶端设置的作业平台上进行遥控操纵,下塔杆能在30°~80°内起伏,上下塔杆之间能在135°内的夹角中变化。在上下塔杆之间还设有角度计,可进行观察。当上下塔杆达到各自的使用界限时,自动停止装置进行控制。作业平台带有平衡装置,其平衡性不受塔杆角度的影响。安装在塔杆上的喷水管的喷水量也不受塔杆角度变化的影响。

为了保证工作安全,在上下塔杆上均设有安全保护装置。当下塔杆与车身夹角小于设定值时,产生报警信号;当夹角大于设定值时,下塔杆的起伏动作自动停止。当上下塔杆之间的夹角达到设定值时,上塔杆的起伏自动停止。当起伏自动停止装置发生故障时,紧急停止装置使发动机停车。

由液压马达驱动回转装置,可以使转盘不断地回转,在作业平台和车上均能操纵回转装置。

目前在直臂式和曲臂式消防云梯车的基础上,研制出了综合臂式消防云梯车,也称"超级云梯"登高消防车。其主要特点是在可以伸缩的直臂云梯上加装曲臂云梯,使消防的高度和范围有了较大的提高。

复习思考题

1. 高空作业车故障诊断与排除的步骤有哪些?
2. 直臂式消防云梯车除具有一般消防车云梯车的消防外,还具备哪些装置?
3. 高空作业车为什么要设置双向液压锁?
4. 名词解释:作业高度、作业范围、作业斗装载质量、作业幅度以及工作速度。
5. 高空作业车由下车和上车两大部分构成,其中上车的组成包括哪些?
6. 高空作业车对动力传动装置有什么要求?
7. 四支腿的副车架都装置有稳定器,简述稳定器的组成及工作原理。

8. 为什么高空作业车在操作者的应急位置配备紧急停止装置？
9. 高空作业车回转减速器较常用有哪几种形式，有何特点？
10. 简述 H 式支腿的工作原理。

第7章 汽车列车

7.1 汽车列车概述

汽车列车是指一辆汽车(货车或牵引车)与一辆或一辆以上挂车的组合。载货汽车和牵引汽车为汽车列车的驱动车节,简称主车,而被主车牵引的从动车称为挂车。它具有其他运输方式无法代替的迅速、机动、灵活、安全的优势,能完成其他运输所不能或难以完成的超高、超宽、超长或有特定要求的物资运输。汽车列车的基本运行特征主要指汽车列车的动力性、转向机动性、行驶稳定性和技术经济性等。它们是衡量汽车列车技术水平及其结构完善程度的重要标志。

1. 类型

根据汽车与挂车的不同组合形式,汽车列车可分为以下5种类型。

(1)全挂汽车列车:牵引货车和一辆或一辆以上全挂车的组合,如图7-1(a)所示。

(2)半挂汽车列车:半挂牵引车和一辆半挂车的组合,如图7-1(b)所示。

(3)双挂汽车列车:半挂牵引车和一辆半挂车、一辆全挂车的组合,如图7-1(c)所示。

(4)特种汽车列车:牵引车和特种挂车的组合,如图7-1(d)(e)所示。特种汽车列车的载荷分别加在牵引车和特种挂车的桥式平台上,其载荷多为长件大宗货物,并通过载荷本身将牵引车与特种挂车连接起来,挂车可以不设牵引杆或设可伸缩式牵引杆。

(5)双半挂汽车列车:半挂牵引车和一辆以上半挂车的组合,如图7-1(f)所示。

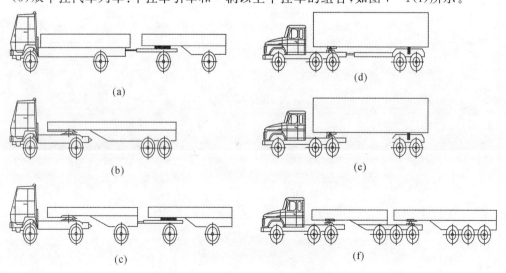

图 7-1 汽车列车的不同组合形式

(a)全挂汽车列车; (b)半挂汽车列车; (c)双挂汽车列车; (d)(e)特种汽车列车; (f)双半挂汽车列车

2. 半挂汽车列车的发展与优点

半挂汽车列车的发展就是全挂汽车列车缺点的展现。

(1) 全挂汽车列车总长长，通过性差。由于欧洲限制汽车列车总长，所以全挂汽车列车受到限制；而半挂汽车列车的牵引连接装置不用牵引杆（牵引车上安装牵引钩，牵引杆上有挂环），用牵引座与牵引主销相连接，可以缩短汽车列车总长。

(2) 全挂汽车列车的挂车与牵引车采用牵引杆连接，牵引车与挂车独立性强，整体性弱，整车机动性差，行驶阻力大（风阻大）；而半挂汽车列车的挂车与牵引车采用牵引座和牵引主销连接，整体性强，整车机动性好，行驶阻力小。

(3) 全挂汽车列车的牵引钩与挂环之间存在冲击、震荡现象，行驶噪声大；而半挂汽车列车采用牵引座与牵引主销连接，降低了噪声。

(4) 全挂汽车列车行驶稳定性差，其挂车与牵引车用牵引杆连接，挂车存在摆振现象；而半挂汽车列车不存在。

(5) 全挂汽车列车转向性很差；而半挂汽车列车得到了极大改善。

(6) 全挂汽车列车制动时挂车对牵引车冲击严重；而半挂汽车列车制动时挂车对牵引车冲击较小。

(7) 全挂汽车列车是实现"长距离直线运输"的最好车型；而半挂汽车列车是实现"区段运输""甩挂运输"和"滚装运输"的最好车型。

(8) 全挂汽车列车附着质量即为牵引车质量；而半挂汽车列车中，半挂车载货质量有一部分由牵引车承担，即增加了牵引车的附着质量，也就增加了牵引车附着力，从而使牵引车发动机动力可以得到充分利用。

3. 全挂汽车列车优点（与货车相比）

(1) 运输生产率高，装载质量为货车单车的2倍。

(2) 全挂汽车列车的挂车制造成本低，比货车低80%。

(3) 有效燃油消耗率低，百千米油耗比货车低40%。

(4) 维修方便。

(5) 车库投资少，全挂汽车列车的挂车本身不需要车库。

(6) 全挂汽车列车的挂车与货车之间用牵引钩与挂环连接，结构简单；货车本身基本上不需要改进。

4. 汽车列车的发展方向

作为一种汽车产品，汽车列车的发展趋势如下。

(1) 产品在国际竞争中的地位越来越重要。我国现阶段使用的汽车列车主要是国内生产的，但高品质的牵引车和各式挂车的进口已越来越多了。国际竞争与国际交流将成为今后我国汽车列车生产的重要组成部分之一。

(2) 产品更新换代加快，一般过去4~8年更换一次新车型，如今都已缩减到2~3年了。更新换代加快，说明市场需求变化很大。

(3) 产品继续向效率更高、排放更清洁，甚至无污染的方向发展。

(4) 广泛采用通用底盘，全球选用性能优良、价格合理的总成与零部件。

(5) 开发新的能源装置及其他新的动力装置，采用新型材料，结构进一步合理化，减轻自重,提高可靠性等以节约能源。

(6) 充分利用现代理论,不断采用新技术。把航空、航天技术,国防科技成果以及其他新技术应用到汽车新产品中,使其电子化的程度越来越高,并实行集中控制。

(7) 采用多种措施提高安全性,使汽车列车向安全型、智能型方向发展。

纵观欧洲和北美各国的汽车列车,除了具有以上一般汽车产品的发展趋势外,还有下述显著特点。

(1) 向大型化、重型化的方向发展,发动机功率很大,行驶车速很高。例如美国铰接列车总长基本都在 20 m 以上,车厢厢体 16.2 m(53 ft)的占 50% 以上,车厢容积约 90 m^3。牵引车几乎都是 6×4,长轴距,总长 8 m 左右,发动机功率都在 250 kW 以上,最高车速超过 100 km/h。

(2) 专业化程度越来越高。装置有专用设备、具备一定专用功能、用于承担专门运输任务和专向作业的汽车列车的比例越来越大,尤其是厢式挂车、罐式挂车、集装箱挂车、专用自卸挂车、仓栅式挂车和特种结构挂车等都发展很快。

(3) 发动机向低速大扭矩、高效能、高可靠性、小噪声、低排放的方向发展。

(4) 乘坐人员和运送货物对安全和舒适性要求越来越高。

(5) 普遍装用电子制动控制系统(Electronically controlled Brake System,EBS)。

(6) 特别注重行驶稳定性和行车安全。如装有电子高度控制系统、自适应半主动阻尼系统、电子车速控制系统、电子防碰撞装置、翻车警告系统、卫星导航系统、红外线夜视系统、防折叠电子报警装置和前部防钻入保护装置等。

(7) 新结构、新技术的应用。为降低质心高度,提高汽车列车的稳定性,采用高强度小尺寸轮胎;为使悬挂系统结构更合理,并减轻悬挂本身质量,目前正在采用等强度变截面钢板弹簧;还有随负荷变化的空气悬挂等。

(8) 更加重视对汽车列车操纵稳定性、行驶平顺性的研究。汽车列车的操纵稳定性,是指汽车列车各车节保持驾驶员给定的、相对于道路支承表面的位置,以及在外界干扰作用下保持行驶方向的能力。汽车列车的操纵稳定性也可以分别理解为汽车列车的稳定性和操纵性。稳定性包括:在没有驾驶员参与下,保持汽车列车各车节给定的行驶方向的能力及抵抗导致方向改变的外界作用力的能力(行驶方向稳定性),以及在垂直于纵向对称轴线的平面中,汽车列车抗倾翻的能力(抗倾翻稳定性)。各国生产的汽车列车都在列车的操纵稳定性和行驶平顺性方面做了较大改善,如选择最佳同步附着系数、装置横向稳定器(增大悬挂的角刚度和减小倾斜)、降低质心、增大轴距、增大牵引杆长度、增大轮胎侧偏限力系数液动阻力系数等,以改善汽车列车的操纵稳定性。在不断的探索当中,汽车列车的平顺性也在逐步完善。

7.2 半挂汽车列车

7.2.1 半挂汽车列车的半挂车总体结构

半挂车是指将车轴(单轴或多轴)置于车辆质心(均匀载荷时)后面,并且具有可将水平力和垂直力传递给牵引车的牵引连接装置的被牵引车辆。半挂车上的牵引连接装置通常采用牵引销,通过牵引销与牵引车的牵引座连接,挂车的部分载荷通过牵引座由牵引车承受。摘挂时用支承装置维持半挂车的平衡。

1. 半挂车的分类

(1) 按车轴的配置分类。半挂车的装载质量主要取决于轮胎、车轴、车架的允许负荷。因此车轴部分的变化取决于挂车的装载质量。根据车轴的配置及数量变化，由轻到重，由单轴、双轴、三轴到多轴进行排列分类，如图 7-2 所示。

图 7-2 按车轴分类的半挂车形式
(a) 单轴； (b) 双轴； (c) 三轴； (b) 多轴

(2) 按货台形式分类。半挂车的车架主要有平板式、阶梯式（鹅颈式）和凹梁式三种。

1) 平板式。平板式半挂车如图 7-3(a) 所示，整个货台是平直的，且在车轮之上，牵引车和半挂车的搭接部分的上部空间得到了充分利用，因而具有较大的货台面积，适于运输钢材、木材及大型设备。这种车架形式结构比较简单，制造容易，多用于超重型挂车。

2) 阶梯式（鹅颈式）。阶梯式半挂车如图 7-3(b) 所示，半挂车车架呈阶梯形，货台平面在鹅颈之后，从而使货台主平面降低，便于货物的装卸和运输，但车架的受力情况不如平板式车架好。最早的阶梯式平板半挂车，其鹅颈均为弧形结构，在鹅颈上端形成第二货台平面。由于阶梯式结构货台主平面降低，所以适合运输各种大型设备、钢材等。

3) 凹梁式。凹梁式半挂车如图 7-3(c) 所示，其货台平面呈凹形，具有最低的承载平面。凹形货台平面离地高度一般根据用户要求确定，适合超高货物的运输。

(3) 按车身形式分类。半挂车可分为普通挂车、厢式挂车、罐式挂车、自卸挂车、集装箱挂车、冷藏保温挂车和特种挂车等。

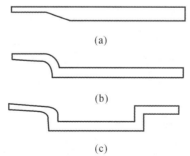

图 7-3 按结构分类的半挂车车架纵梁结构
(a) 平板式； (b) 阶梯式（鹅颈式）； (c) 凹梁式

2. 半挂车总体结构

半挂车由牵引销、纵梁、横梁、悬架、支承装置和制动系统等组成（见图7-4）。车架前端下部装有牵引销，与牵引车的牵引座配合后由牵引车牵引半挂车行驶，并在转向时完成牵引车和半挂车之间的相对转动。车架上的载荷通过牵引销座和悬架系统分配到牵引车和半挂车车轮上；当脱挂时，半挂车前部载荷由脱挂支承装置承受。半挂车制动系统与牵引车连通，达到二者同步制动；半挂车也装有驻车制动器。

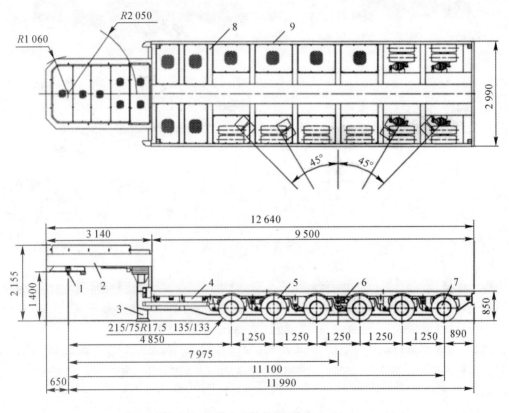

图7-4 半挂车总体结构（单位：mm）
1—牵引销； 2—鹅颈； 3—支承装置； 4—纵梁；
5—车轮； 6—悬架； 7—制动系统； 8—横梁； 9—纵梁

（1）半挂车车架。半挂车车架通常采用两根纵梁、横梁贯穿梁腹板的焊接结构，此外，两侧边还有边横梁、边梁等，纵梁截面有工字形截面和槽形截面，对于大吨位半挂车采用工字形截面梁较为合适。按纵梁形式，半挂车车架可分为直通式和鹅颈式两种。

鹅颈式半挂车车架（见图7-5）既照顾了牵引销的高度要求（由牵引车高度决定），又可降低货台平面的高度。两根纵梁与若干横梁及两根边梁组成车架的框架，在鹅颈下方设置了牵引销4。鹅颈式半挂车车架因其前部昂起像鹅颈状而得名。该车架又称阶梯式车架，其两根主纵梁1、2呈阶梯形，断面为工字形，断面高度随长度而变化。鹅颈形状有平鹅颈和弧形（上翘）鹅颈两种，平鹅颈结构适宜普通公路运输的半挂车；而非公路运输，因道路条件差，半挂车相对牵引车有较大的纵向俯仰，采用弧形鹅颈较好，特别是越野半挂车更是如此。在鹅颈下方设置了牵引销板和牵引销，鹅颈拐弯处对称地设置了支承装置安装支架5。在车架货台前部用铁木结构的底板铺设。货台的两边开有若干个插桩孔6、7,边梁上布置有若干吊环11,用于运货时插桩或系绳。后部用花纹钢板铺设,尾端形成一定坡度,以便与跳板或搭桥配合装卸货物。

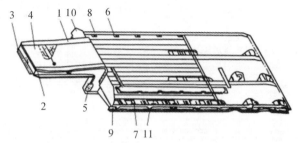

图7-5 鹅颈式半挂车车架

1、2—主纵梁; 3—牵引销板; 4—牵引销; 5—支承装置安装支架;
6、7—插桩孔; 8、9—边梁; 10—挡板; 11—吊环

1)纵梁。车架的纵梁结构根据货台形式要求,相应有平板式[见图7-3(a)]、阶梯式[见图7-3(b)]、凹梁式[也称为桥式,见图7-3(c)]等多种。纵梁截面有工字形、槽形、箱形等。槽形截面纵梁具有较高的抗弯强度,且便于安装各种总成和部件。箱形截面具有较高的抗扭强度,但不便与横梁连接以及安装其他部件。对于大吨位半挂车多采用工字形截面的型钢。

2)横梁。横梁是连接左右纵梁、组成车架的主要构件,在横梁上还安装有很多主要总成和部件。横梁本身的抗扭性能及横梁在车架的分布,直接影响着车架的内应力及车架的刚度。半挂车车架中的横梁采用冲压成形件或直接采用型材,前者比后者轻15%~20%。横梁的结构及特点如下:

A. 圆管形:具有较高的扭转刚度,但因纵梁截面高度较大,为使载荷从整个截面传递到横梁上,必须补焊许多连接板,故增加了车架质量,且成本高、工艺复杂。另外,当扭转较严重时,连接板处应力较大。因此圆管形横梁一般只布置在车架纵梁的两端,靠近下翼板,以增强车架整体扭转刚度。

B. 工字形:对载荷传递较为理想,但纵梁翼缘和横梁翼缘连接对扭转约束较大,因而翼缘产生的内应力较大。

C. 槽形:多用钢板冲压成形,制造工艺简单、成本低,为许多厂家采用,但扭转刚度较差。

D. 箱形:和圆形横梁有类似的特点,具有较好的抗扭性。

3)纵梁和横梁的连接。车架的整体刚度,除和纵梁、横梁自身的刚度有关外,还直接受节点连接刚度的影响,节点的刚度越大,车架的整体刚度也越大。因此,如何正确选择和合理设计横梁和纵梁的节点结构,是车架设计的重要问题,常见结构形式如下。

A. 横梁和纵梁上下翼缘连接[见图7-6(a)]。这种结构有利于提高车架的扭转刚度,但在受扭严重的情况下,易产生约束扭转,因而在纵梁翼缘处会出现较大内应力。该结构形式一般用在半挂车鹅颈区、支承装置处和后悬架支承处。

B. 横梁和纵梁的腹板连接[见图7-6(b)]。这种结构刚度较差,允许纵梁截面产生自由翘曲,不形成约束扭转。这种结构形式多用在扭转变形较小的车架中部横梁上。

C. 横梁与纵梁上翼缘和腹板连接[见图7-6(c)]。这种结构兼有以上两种结构特点,故应用较多。

D. 横梁贯穿纵梁腹板连接。这种连接形式在贯穿处只焊接横梁腹板,且焊缝均为角焊缝,其上下翼板不焊接,并在穿孔之间留有间隙。这种结构当纵梁产生弯曲变形时,允许纵梁相对横梁产生微量位移,从而消除应力集中现象。但车架整体扭转刚度较差,需要在靠近纵梁两端处加横梁来提高扭转刚度。这种结构是目前国内外广泛采用的半挂车车架结构。

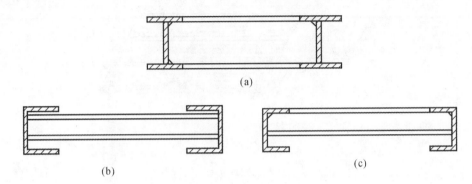

图7-6　半挂车的纵、横梁连接形式
(a)横梁和纵梁上下翼缘相连接;　(b)横梁和纵梁的腹板相连接;　(c)横梁同时和纵梁上翼缘及腹板连接

4)车架底板结构。半挂车车架底板常见结构(见图7-7)有钢木混合底板、全木底板和全钢板式底板。现代半挂车的底板越来越多地采用全钢板式底板结构。

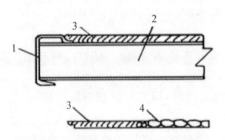

图7-7　半挂车车架底板结构
1—边梁;　2—横梁;　3—木底板;　4—铁底板

(2)半挂车车轴。半挂车车轴属于从动轴。其基本结构可以采用从货运汽车的后轴中去掉差速器齿轮和传动轴的形式,也可根据具体条件进行设计。如果采用自行设计,则其一般由两部分组成,即轴体和轴头。轴头的作用是将轴体与车轮轮毂及制动系统进行连接,因此轴头的设计及加工应与所配轮毂的尺寸相适应。

半挂车车轴轴体的断面形状有工字形断面、矩形空心断面、圆形空心断面和圆形实心断面等。

轴体与轴头的连接形式有以下几种。

1)焊接式:即直接把安装轮毂的轴头(或称轮毂轴)部分焊接在轴体上。

2)压入式:即轴头直接压入轴体。

3)螺栓连接式:在轴体与轴头部分加工出凸缘连接在一起,如果凸缘用铆接代替螺栓连接即为铆接式。

图7-8所示为两种典型的车轴结构,一种是圆管轴体,另一种是方管轴体。

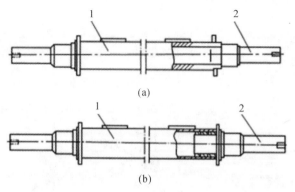

图 7-8 两种典型的半挂车车轴结构
(a)圆管轴体式半挂车车轴; (b)方管轴体式半挂车车轴
1—轴体; 2—轴头

半挂车车轴总成系列按轴载质量分类,一般可分为 8 t、10 t、12 t 和 14 t 四个等级,半挂车车轴的基本结构应相同,即尽量用最少的变化来满足不同轴载质量的要求。

(3)悬架。挂车悬架是将挂车车架与车轴相连的全套装置的总称。其主要功用是传递作用在车轮和车架之间的各种载荷,并减少或消除由不平路面通过车轴传给车架的冲击和振动,以改善挂车行驶的平顺性。挂车的悬架也由弹性元件、减振器和导向装置三部分组成。悬架弹性元件很多,挂车常用的弹性元件主要有钢板弹簧、空气弹簧、液压弹簧以及它们的组合。

挂车的悬架应用最普遍的是纵置钢板弹簧非独立悬架、钢板弹簧平衡悬架、液压弹簧平衡悬架和独立的或非独立的空气弹簧悬架等。

图 7-9 所示为推力杆式双轴钢板弹簧平衡悬架,为了保证汽车列车各轴的车轮能与地面保持良好的接触,避免因个别车轮悬空而造成其他车轮的超载,多轴汽车列车常采用钢板弹簧平衡悬架。图 7-10 所示为上置式钢板弹簧平衡悬架,图 7-11 所示为下置式钢板弹簧平衡悬架。

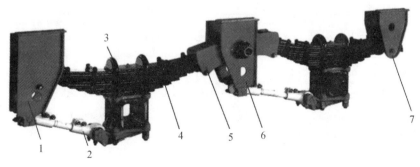

图 7-9 推力杆式双轴钢板弹簧平衡悬架
1—弹簧前支架; 2—推力杆总成; 3—骑马螺栓; 4—钢板弹簧;
5—平衡臂; 6—平衡支架; 7—后滑板支架

图 7-10 上置式钢板弹簧平衡悬架

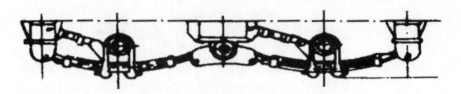

图 7-11 下置式钢板弹簧平衡悬架

液压悬架是利用液压缸来实现传力和减振功能的。在液压半挂车上,它还与挂车的转向横拉杆连接,起到转向作用。单摆臂偏置式液压悬架的液压缸置于轮轴的前方或后方,如图7-12所示。

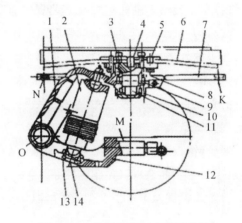

图 7-12 单摆臂偏置式液压悬架

1—悬架支架; 2—液压缸; 3—内六角螺钉; 4—定位销; 5—螺栓; 6—车架支承梁;
7—接长臂; 8—平面轴承; 9、10—球轴承; 11—悬架轴; 12—平衡臂; 13—油嘴;
14—螺钉; M—平衡臂轴头; N—悬架吊耳; K—接长杆孔; O—销轴

空气弹簧悬架(见图7-13)由于具有较理想的弹性特性,且结构简单、减振效果较好,其在挂车上的应用已越来越普遍。空气弹簧系统一般由空气弹簧、高度控制阀和气压系统组成。气压系统包括空气压缩机、储气筒、单向阀、压力调节阀、安全阀、水油分离器和辅助室等,挂车上多用两节的囊式空气弹簧结构。

7.2.2 半挂牵引车

半挂牵引车是装备有特殊装置用于牵引半挂车的商用车辆。前面有驱动能力的车头叫牵引车,后面没有牵引驱动能力的车叫挂车,挂车是被牵引车拖着走的。牵引半挂车的汽车,车架上无货厢,而装有鞍式牵引座,通过牵引座承受半挂车的部分装载重量,并且锁住牵引销,带动半挂车行驶。牵引车和挂车的连接方式有两种:第一种是挂车的前面一半搭在牵引车后段上面的牵引鞍座上,牵引车后面的桥承受挂车的一部分重量,这就是半挂;第二种是挂车的前端连在牵引车的后端,牵引车只提供向前的拉力,拖着挂车走,但不承受挂车的向下的重量,这就是全挂。图7-14(a)为全挂方式,图7-14(b)为半挂方式。半挂车和牵引车的连接尺寸在JT/T 328—1997《货运半挂车通用技术条件》和JB/T 4185—1986《半挂车通用技术条件》中都有规定。

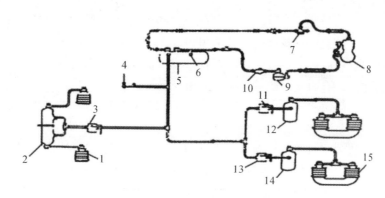

图7-13 空气弹簧悬架的管路布置

1、15—空气弹簧; 2、12、14—辅助气室; 3、11、13—高度控制阀; 4—气压表;
5—储气筒; 6—安全阀; 7—压力调节阀; 8—空气压缩机; 9—水分离器; 10—单向阀

(a)　　　　　　　　　　　　　　　　(b)

图7-14 牵引车牵引方式
(a)全挂; (b)半挂

1.牵引车分类

(1)按驱动形式分类。牵引车的驱动方式通常有4×2、6×4、6×6和8×8。4×2型牵引车的牵引力较小,多用于高速汽车列车;6×4型牵引车能增加牵引座处的承载能力;6×6型牵引车具有大承载、大牵引力和大爬坡能力,一般用于较大的军用车;8×8型牵引车一般在重型汽车列车上使用。

(2)按用途分类。

1)高速牵引车。用来牵引厢式半挂车、平板式半挂车和集装箱半挂车。主要适合于高速长距离形式。

2)运输重型货物用牵引车。用来牵引阶梯式半挂车、凹梁式半挂车的牵引车,具有牵引座载质量和被牵引的总质量都很大的特点。此种牵引车为了增大牵引力,驱动轴多为二轴,其最高车速比高速牵引车稍低。

2. 牵引车的结构特点

总体结构与载货汽车基本相同,由发动机、底盘、车身(驾驶室)和电气设备组成。但由于牵引车必须进行拖挂作业,对某些总成和部件提出了不同要求,例如,轴距短,牵引座处的载荷较大。

(1)动力装置及传动系统。半挂牵引车与普通载货汽车的主要区别是车架上无货厢,因此半挂牵引车的动力传动系统与载货汽车完全相同。在半挂牵引车中,也有在离合器与变速器之间安装液力耦合器和液力变矩器的,其目的是为了用标准的发动机获得最大的牵引力,同时也有起步平稳的作用。有的变速器本身还带有副变速器。

为了使主减速器的减速比加大,从而增大牵引力,差速器前的主减速器不是用一级减速,而是采用两级减速。另外,在两级减速装置中有常啮合固定式和高低速两挡转换式结构。后者的转换操作是在驾驶室内用气控操纵阀进行的。在轻载高速行驶时只采用一级减速传动。对于牵引高速行驶的重型半挂车,为了增加其驱动力,常采用轮边减速器。

(2)悬架。牵引车的悬架基本上与载货汽车相同,但有的牵引车为了改善使用性能和适应重载要求,采用了独立悬架或采用了比普通载货汽车更宽更厚的钢板弹簧。对于双后轴的牵引车,其后悬架目前几乎都采用半椭圆钢板弹簧平衡式悬架。

(3)制动系统。半挂牵引车一般采用气制动系统或气液制动系统。牵引车的制动系统与载货汽车的制动系统基本相同,不同点是牵引车设置了向挂车输送压缩空气的气压制动管路、紧急制动管路、气动控制管路及气管接头等。另外,在驾驶室内设置了手制动阀,可直接操纵挂车制动。为了提高制动性能,半挂牵引车普遍在后桥处装有感载阀或装防抱死制动系统(Anti-lock Braking System, ABS),以改善轴间制动力的合理分配。

(4)电气系统。半挂牵引车车架后部备有电气连接器以及配置的电线,以便与半挂车的电气信号相通,即在牵引车后横梁上装有七孔电气连接器用来与半挂车的七芯插头连接,以向半挂车输送电气信号。

(5)车架。半挂牵引车的车架很短,主车架纵梁后部因承受牵引座集中载荷而需加强,其中横梁的布置也应作相应考虑。

7.2.3 半挂牵引车的连接

1. 挂车牵引连接装置

牵引连接装置(见图7-15)是把牵引车与挂车连接起来,组合成汽车列车的一种连接机构,半挂汽车列车所采用的牵引连接装置的类型为支承牵引连接装置。它具有以下几方面的作用:

(1)使牵引车与半挂车连接及摘脱;

(2)由牵引连接装置把牵引车的牵引力传递给半挂车;

(3)是牵引车与挂车相对运动和动力相互作用及传递的装置。

半挂汽车列车牵引连接装置的基本形式是牵引销-牵引座的组合。牵引销安装在半挂车车架前部的牵引板上,牵引座安装在牵引车车架上,并有分离-连接机构和锁紧机构,以保证牵引座与牵引销的可靠连接或分离。

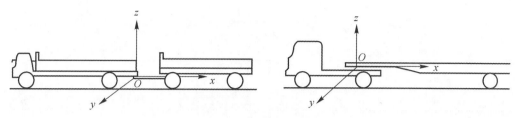

图 7-15 牵引连接装置坐标图

2. 牵引销

(1) 牵引销的分类。牵引销是半挂全挂车中应用的连接牵引车和挂车的金属标准零部件。牵引销按照形状可分为蘑菇式、十字式、双勾式和"I"式等,按照直径牵引销可分为 50(mm)号和 90 号。根据我国的标准,牵引销按照形状可分为 A 型和 B 型,按照装配方式可分为焊接式和装配式。各型牵引销均有与之相配套的牵引座系列。

(2) 牵引销材料。牵引销材料一般用碳铬、镍铬和镍铬钼等中碳合金钢,进行调质处理和接触表面高频淬火处理。投入使用前要进行探伤检查,以确保销在使用过程中的安全性。50 号牵引销加工生产采用 GB/T 4606—2006/ISO 337:1981 标准,该标准全称为《道路车辆半挂车牵引座 50 号牵引销的基本尺寸和安装、互换性尺寸》;90 号牵引销加工生产采用 GB/T 4607—2006/ISO 4086:2001 标准,该标准全称为《道路车辆半挂车牵引座 90 号牵引销的基本尺寸和安装、互换性尺寸》;50 号和 90 号牵引销的强度试验标准采用 GBT 15088—2009《道路车辆牵引销强度试验》。

(3) 牵引销与半挂车连接方式。轻型牵引销的连接方式有以下 3 种形式,重型牵引销一般采用后 2 种连接方式。

1) 牵引销与固定座用螺钉连接。此种连接方式如图 7-16 所示。固定座 2 焊在牵引板 3 的上平面,牵引销 4 从下面用螺钉紧固在固定座上。这种连接方式需增加一个固定座,使更换方便,在支承板下面即可更换牵引销。

2) 带锥体的牵引销与锥形固定座连接。此种连接方式如图 7-17 所示。在牵引板 6 上焊接锥形固定座 4,锥形固定座 4 与牵引销的锥体相匹配,通过垫圈 3 用槽形螺母 2 紧固,并用开口销 1 锁死。此种连接方式需增加锥形固定座 4,但结构简单,只需拆卸一个槽形螺母 2 即可更换带锥体的牵引销 5。

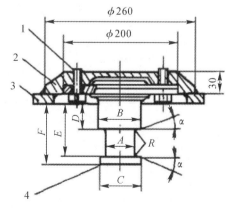

图 7-16 牵引销与固定座用螺钉连接(单位:mm)
1—连接螺钉; 2—固定座; 3—牵引板; 4—牵引销

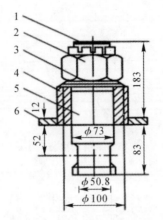

图 7-17　带椎体的牵引销与锥形固定座连接（单位：mm）
1—开口销；　2—槽形螺母；　3—垫圈；　4—锥型固定座；　5—带椎体的牵引销；　6—牵引板

3）牵引销用螺钉直接与牵引板连接。此种连接方式如图 7-18 所示。牵引销 1 用螺钉 2 直接固定到牵引板 3 上。此种连接方式结构简单，质量轻，更换牵引销只需从牵引板上拆除即可，但在牵引板上会出现凸起的螺钉，因此设计时，应将牵引板凹陷，尽量保持车架底板上平面的平整。

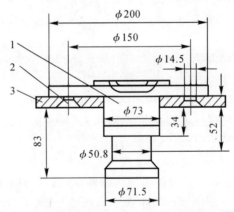

图 7-18　牵引销用螺钉直接与牵引板连接（单位：mm）
1—牵引销；　2—螺钉；　3—牵引板

3. 牵引座

(1)牵引座的结构形式。牵引座的结构如图 7-19 所示，由锁紧机构 1、座板 2、操作手柄 3 和支座 4 组成。半挂汽车列车牵引连接装置的结构形式很多，可分为牵引销式半自动连接装置与无牵引销式自动连接装置两大类。牵引销式半自动连接装置应用广泛，下面主要介绍此类牵引连接装置。

牵引销式半自动连接装置是用固定在牵引车上的牵引座与固定在半挂车前部车架牵引板上的牵引销，通过牵引座的夹紧锁止装置把牵引车与半挂车连接在一起，组成半挂汽车列车。牵引座既承受半挂车一部分垂直重量，又起连接半挂车的作用，同时又是半挂车的转向装置。

牵引座由座板、分离-连接机构和支座三部分组成。牵引座按支座能否移动分为固定式、举升式和移动式三种；按允许的自由度不同，有单自由度（Ⅰ轴式）和双自由度（Ⅱ轴式）两种，其分离-连接机构又分为夹板式和单钩式两种。

固定式牵引座是指牵引座固定在车架上（见图7-20），而举升式和移动式牵引座是指牵引座对于车架可以上下举升和前后移动（见图7-21和图7-22）。

图7-19 牵引座结构
1—锁紧机构；2—座板；3—操作手柄；4—支座

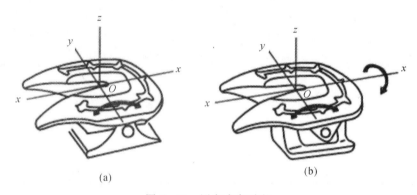

图7-20 固定式牵引座
(a)单自由度（Ⅰ轴式）；(b)双自由度（Ⅱ轴式）

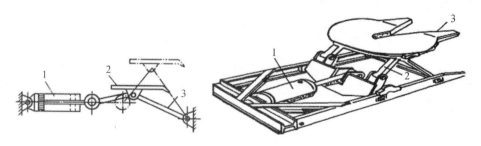

图7-21 低举升式牵引座
1—举升缸；2—牵引座；3—杠杆

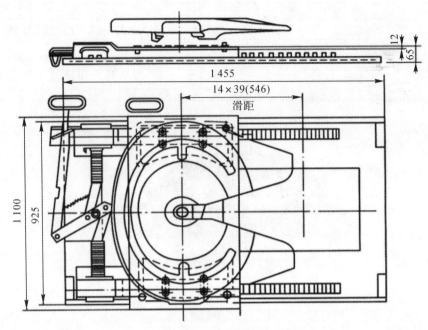

图 7-22 移动式牵引座(单位:mm)

举升式牵引座又分为高举升式和低举升式两种。高举升式牵引座适用于拉运密度小的粉、粒、散装货物,即可在车下或车后靠自身重量从排出口排出的货物。低举升式牵引座(见图7-21)适用于集装箱半挂车场内来回牵引专用,用牵引座的升降代替半挂车支承装置的收起,可提高装卸速度。

单自由度牵引座,又称Ⅰ轴式,如图7-20(a)所示,即牵引座可绕y轴作不小于15°的纵向摆角。这种结构的特点是汽车列车行驶时的横向稳定性较好,适用于高速、轻负荷、危险品及高质心载荷等,实际应用最多的是大型集装箱半挂车;高货台、散装货运半挂车也有较广泛的应用。总之,此形式适用于在较好公路上行驶的半挂汽车列车。

双自由度牵引座,又称Ⅱ轴式,如图7-20(b)所示,即牵引座除具有纵向倾摆的自由度外,还可绕x轴作3°~7°的横向摆动,以适应道路不平,并减小车架的扭曲。该牵引座多用于越野行驶或运输大型整体长货物的重型汽车列车上。

夹板式分离-连接机构,是利用两块夹板锁住牵引销(见图7-23)。这种结构一般在双夹板前端有一个锁块,用来限制夹板绕其销轴转动,从而保证车辆在行驶时,即使发生冲击,夹板也不会自己松开与牵引销分离。

单钩式牵引座是通过楔轴保证单钩锁住牵引销(见图7-24),同时借助弹簧自动消除因牵引销磨损而形成的间隙。

我国现在生产的牵引车与半挂车的牵引连接装置,牵引座多为固定式(Ⅰ轴式和Ⅱ轴式)。牵引销为$\phi50.8$ mm,牵引销与牵引板多数采用直接铆接。

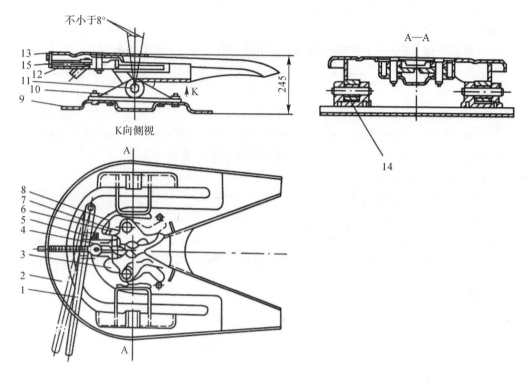

图 7-23　单自由度夹板式牵引座(单位:mm)

1—操纵杆；　2—座板；　3—右夹板；　4—锁块；　5—锁片；
6—插销；　7—左夹板；　8—拉簧；　9—底板；　10—支座；
11—横轴；　12—弹簧；　13—保险块；　14—橡胶减振套；　15—锁块导杆

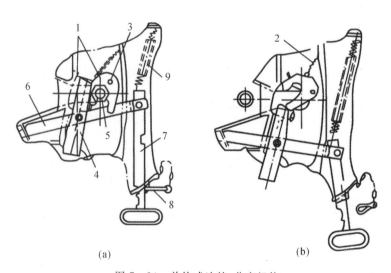

图 7-24　单钩式连接-分离机构

(a)牵引状态；　(b)脱挂状态

1—锁钩；　2—锁钩弹簧；　3—锁钩销轴；　4—楔杆；　5—耐磨环；
6—杠杆；　7—操纵杆；　8—保险锁扣；　9—弹簧

(2)橡胶元件。在汽车列车的行驶过程中,牵引座将受到垂直载荷、牵引力和力矩的作用等。垂直载荷由牵引座板和支架承受,牵引力由连接-分离机构和牵引销承受,而力矩则由支架承受。牵引座中连接-分离机构的夹板或单钩在载荷作用下易磨损,特别是冲击载荷易引起零部件的早期磨损与损坏。为了减少动载荷,可在牵引座结构中增加一些橡胶制作的弹性元件,直接装在支架和牵引车车架之间,也可以放在牵引座板和支架之间。

(3)牵引销和牵引座的连接过程。

1)夹板式牵引座。夹板式牵引座的连接和分离机构为夹板,如图7-23所示。它主要由支座10、座板2及夹板机构组成。座板为钢板冲压件焊接而成的,或为铸件(重型车用),表面有润滑油槽并填充油脂以保证摩擦表面的润滑。座板可绕横轴11纵向倾斜±8°。牵引座总成用支座10通过底板9安装到牵引车上,底板9有几种不同的高度供用户选用,以保证牵引车鞍座高度与半挂车的正确配合。

牵引车与半挂车的牵引、脱挂、接挂是由牵引座夹板锁紧机构完成的。

A.牵引状态。如图7-23所示,牵引销处于左右夹板组成的圆孔中,牵引销上向后的牵引力有迫使夹板张开的趋势。锁块4在弹簧12的作用下楔在夹板凹槽中克服上述张力,保证左右夹板在行驶中始终紧闭。在锁块导杆15前端装有保险块13,防止在正常行驶中因意外碰撞操纵杆使锁块脱出夹板凹槽,造成夹板张开脱挂的事故。

B.脱挂状态。如图7-23所示,需脱挂时,汽车停驶后,驾驶员拔出保险块13,并向前拉动操纵杆1,克服弹簧12的张力,使锁块4脱出左右夹板前端的凹槽。在拉簧8的作用下,锁片5逆时针方向转动,并用一端的凹槽卡住锁块4前端的凸楔,使之不能回程。此时牵引车向前行驶,牵引锁即可撞击夹板圆孔后端使其开启,完成脱挂过程。

C.接挂过程。接挂过程与脱挂过程正好相反。脱挂后,左右夹板被牵引销撞开,左夹板7上的插销6推动锁片5顺时针方向旋转,使其离开锁块4的凸楔。锁块4在弹簧12的作用下向后运动,直到抵住夹板顶部为止,如图7-23所示状态。若接挂前夹板处于闭合状态,则首先需由驾驶员向前拉动操纵杆1,使锁块4脱出左右夹板前端的凹槽,然后牵引车向后倒车,牵引销撞击左右夹板的开口处使之张开如脱挂状态。牵引车继续倒车,牵引销则将撞击左右夹板圆孔的前端,迫使两夹板闭合,在弹簧12的作用下,锁块4回落到左右夹板前端的凹槽中,牵引座完成接挂过程,插上保险块13,即可牵引行驶。

2)单钩式牵引座。单钩式牵引座的分离机构装有锁钩1(见图7-24),在锁钩上方,牵引座板的中心装有耐磨环5,它可在磨损后更换,从而提高整个牵引座的使用寿命。

A.牵引状态。如图7-24(a)所示,锁钩1与耐磨环5组成封闭圆,锁住牵引销。楔杆4楔住锁钩,使之不能绕销轴3转动。楔杆4由操纵杆7通过杠杆6操纵,可在牵引座板的导向孔中滑动。为防止行驶过程中楔杆滑移造成锁钩意外脱钩,采用两套装置:一是在操纵杆7的前端安装双弹簧,使之处于楔紧位置,当一个弹簧失效时另一个弹簧仍起作用;二是在操纵杆7的后端开有保险孔,用保险锁扣8避免意外脱钩。

B.脱挂状态。如图7-24(b)所示,汽车停驶后,驾驶员拔出保险锁扣8,将操纵杆7向外拉,通过杠杆6带动楔杆4离开锁钩1。锁钩1在弹簧2作用下顺时针方向旋转,由楔杆顶住锁钩转动,从而打开锁钩口,此时可将牵引车向前行驶,使牵引座离开牵引销,达到脱挂状态。

C.接挂过程。接挂前锁钩口已打开,牵引销及锁钩的位置如图7-24(b)所示。牵引车倒车,牵引销即可撞击锁钩1,使锁钩克服弹簧2的作用,并顶开楔杆4作逆时针方向旋转,从而将牵引销锁住。同时,弹簧9拉动操纵杆7,通过杠杆6推动楔杆4,使其楔住锁钩1,然后插入保险锁扣8,固定操纵杆,完成接挂过程。

7.3 全挂汽车列车

7.3.1 全挂汽车列车的全挂车的总体结构

与半挂汽车列车相比,全挂汽车列车总长较长,行驶稳定性较差,但其装载质量可以随全挂车轮轴数的增加而增加,因此,全挂汽车列车在大件货物运输上有着其他车辆无法替代的作用。

全挂汽车列车的牵引车一般采用通用载货汽车。通用载货汽车车架后端支架处设有连接装置牵引钩,用于连接全挂车。在通用载货汽车车架上还装有回转式枕座用于牵引特种挂车。全挂车的总体尺寸应符合 GB/T 6420—2017《货运挂车系列型谱》和 GB/T 17275—2019《货运牵引杆挂车通用技术条件》中所提出的要求。

典型全挂车的总体结构如图 7-25 所示,由图中可见,全挂车和半挂车的最大不同是汽车列车在运输作业时,挂车的全部载荷由挂车承受,牵引车只起牵引的作用。因此,全挂车的前支承为轮轴结构,且通常前轴设有转向装置,以减少轮胎的侧滑、磨损和汽车列车的转向阻力。

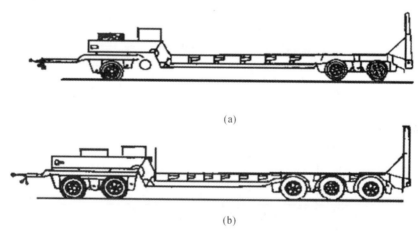

图 7-25 典型全挂车的总体结构
(a)前轴单排全挂车; (b)前轴双排全挂车

7.3.2 全挂车的车架结构

1. 中、小吨位全挂车

中、小吨位全挂车车架由两根纵梁和若干根横梁组成,常见的结构形式如图 7-26 所示。为了简化工艺和布置方便,车架纵、横梁多采用槽形等断面结构,为减小结构质量,一般用钢板冲压成形。两根纵梁前后等宽布置,使车架具有较强的抗弯性能。

车架纵梁和横梁的连接形式,可参照前面半挂车纵梁和横梁的连接形式及结构。要指出的是,车架在连接处大都设有辅助加强板,如图 7-27 所示。在设计中,车架上平面一般用分块补角式连接[见图 7-27(b)]，下平面则用整体承托式连接[见图 7-27(a)]。对转盘底座后部和车架交接处，连接钢板除必须用整体承托式外，必要时还应向跨中延伸，以降低危险截面的应力。

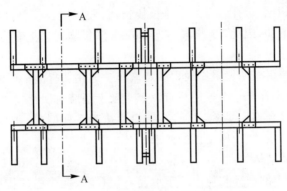

图 7-26 全挂车车架结构

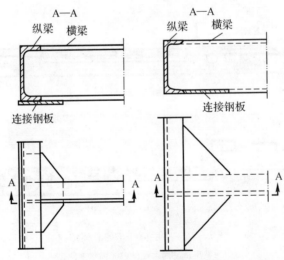

图 7-27 纵梁和横梁的连接形式
(a)整体承托式连接； (b)分块补角式连接

2.重型全挂车

重型全挂车的车架和半挂车一样，按结构也可分为平板式、阶梯式和凹梁式等 3 种。

(1)平板式车架纵梁的上翼面是平直的。其优点是货台底板平整，制造工艺简单。车架一般由纵梁、横梁、支承梁和边梁组成。整车通过横梁间的支承梁、悬架、轮轴和车轮传到地面。车架纵梁、支承梁和边梁为箱形断面的焊接件，具有较大的抗扭刚度。连接纵梁的横梁向两侧伸出，为变截面的工字形焊接结构，具有较高的抗弯强度。各支承梁的下面连接转盘的悬架机构,以实现挂车的全轮转向。经焊接组合的纵梁、横梁、支承梁和边梁构成了大型平板车的骨架。为装卸货物而设置的起重绞盘安装在牵引车上,并兼起牵引车的配重作用。

(2) 阶梯式车架纵梁的上翼面是弯曲的,前段较高,这是为了安装转向机构的需要。其后部的货台较低,便于装卸货物,增加挂车的稳定性。阶梯式车架的前部一般设有起重绞盘,车架后端搭接可拆卸的跳板,供装卸货物使用,机动车辆亦可借助跳板直接驶上货台。

(3) 凹梁式车架纵梁的前后两段均高于中段,形成中间低沉的货台,便于以挂车两侧装卸货物。另外,由于前后两段抬高,使挂车前后车轮有足够的转向空间,利于全轮转向挂车的总布置设计。

3. 车架的载荷及强度计算

在车架结构及选用材料确定后,应对车架强度进行校核计算。

在进行车架强度校核计算时,首先应确定车架危险截面所承受的载荷,在求出车架所受的全部外载后,可根据结构尺寸由材料力学的知识,计算出车架的内力和弯矩图,分析车架内力变化的规律,找出危险截面,从而最后确定纵梁的合理结构尺寸。

应当指出,挂车在汽车列车起步、转向、制动等工况下,所引起的纵向和侧向水平力对车架产生的各种附加应力,对焊接车架影响很小,可不另作验算。但这些工况却是挂车栏板,特别是前栏板、栏板中心立柱等构件进行强度计算的主要依据。

7.3.3 全挂车的转向

全挂车的转向是通过同时与挂车车架和牵引拖台(或方架)进行连接的转向装置来实现的。

1. 全挂车的转向装置

全挂车的转向方式有以下两种:①轴转向式,即转向时,车轮除绕其中心旋转外,还与车轴一起绕车轴中心中点垂直线转动,轴转向式转向通常有单转盘转向和双转盘转向两种;②轮转向式(见图7-28),即转向时,车轮绕转向主销转动,而车轴不转动。由于轮转向装置转向角度小、工艺复杂,故应用较少;而轴转向装置则应用非常广泛。

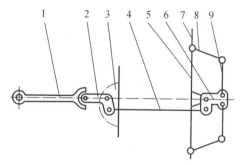

图 7-28 轮转向式转向装置
1—牵引杆; 2—摆臂; 3—牵引座; 4—直拉杆; 5—梯形臂;
6—转向拐臂; 7—前轴; 8—转向节; 9—横拉杆

轴转向式转向装置一般为转盘转向方式。转盘转向方式又可分为有主销式转盘转向和无主销式转盘转向两种。

(1)有主销式转盘转向装置。有主销式转盘转向装置的特点是水平方向的作用力由主销承受,垂直方向的力则由转盘承受,如图7-29所示。

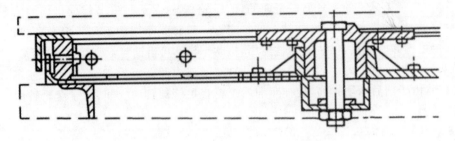

图7-29 有主销式转盘转向装置

(2)无主销式转盘转向装置。无主销式单转盘转向装置的结构如图7-30所示。无主销式转盘转向装置的特点是水平和垂直方向的力都由转盘或座圈承受。由于滚球与滚道之间间隙小,所以有利于承受动载荷和提高行驶稳定性。

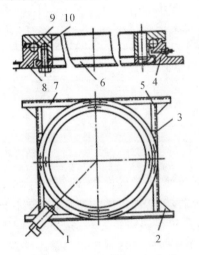

图7-30 无主销式单转盘转向装置
1—锁止机构; 2—加强板; 3—定位支承块; 4—注油嘴; 5—转盘架横梁;
6—锁圈; 7—转盘架纵梁; 8—下转盘; 9—滚珠; 10—上转盘

根据转向轮的布置情况,挂车可采用单转盘转向方式或双转盘转向方式。单转盘转向的全挂车转向轴一般为长轴式,可以是一排一根[见图7-31(a)],也可以是两排两根[见图7-31(b)]。而双转盘转向的全挂车,其转向轴为短轴式,通常为一排两根。

2. 牵引拖台

全挂车的拖挂牵引连接装置以牵引钩-挂环为主,牵引钩安装在牵引车车架后横梁及附加支承上,挂环安装在全挂车的牵引架上。通过牵引钩与挂环使牵引车和全挂车连接。牵引拖台是半挂车和全挂车的转换装置,它由全挂车用的牵引架、前轴总成、半挂车用的牵引座一起构成,如图7-32所示,这种装置可用普通载货汽车牵引半挂车。

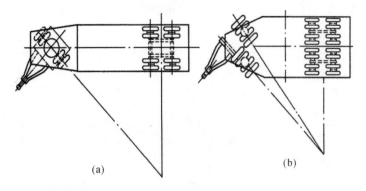

图 7-31 全挂车的转向装置
(a)单转盘全挂车； (b)双转盘全挂车

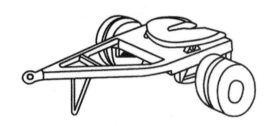

图 7-32 牵引拖台

半挂车通过牵引拖台与普通载货汽车连接，可组成半挂汽车列车；全挂车通过牵引拖台与普通载货汽车连接，可组成全挂汽车列车，而这种全挂车的转向是通过鞍座来实现的，如图 7-33 所示。全挂汽车列车的转向如果采用转盘转向装置，则不需要牵引拖台，而是采用方架进行过渡。

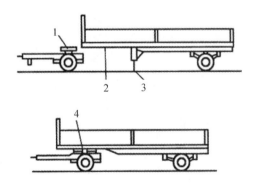

图 7-33 牵引拖台的连接方式
1—牵引座； 2—牵引销； 3—支承装置； 4—牵引拖台

3. 方架

方架是全挂汽车列车上常用的一种转向过渡连接装置，它的上翼面固定转盘转向装置的下圈，两外侧翼面固定全挂车前悬架，前端与三角状的牵引架铰接，如图7-34所示。

方架的结构是由两根横梁与两根纵梁焊接而成的，其结构同车架。由于其大体形状呈方形，故往往称其为方架。

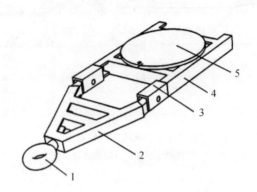

图7-34 全挂车转向过渡连接装置
1—挂环； 2—牵引架； 3—连接座； 4—方架； 5—转盘

7.3.4 牵引车的连接

1. 牵引钩及挂环

全挂汽车列车的拖挂牵引连接装置一般为牵引钩-挂环结构。牵引钩安装在牵引车车架后横梁及附加支承（以下简称车架）上，挂环安装在全挂车的牵引架上，通过牵引钩与挂环使牵引车和全挂车连接。

牵引钩常见的有钩环式（或钩扣式）、插销式和铰链式等，如图7-35所示。

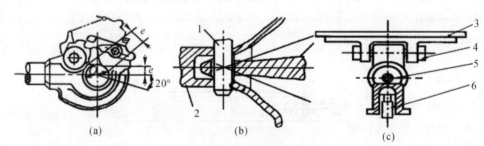

图7-35 牵引钩结构形式
(a)钩环式； (b)插销式； (c)铰链式
1—轴销； 2—装置本体； 3—车架； 4—水平销； 5—垂直销； 6—牵引杆

2. 牵引架

牵引架也是牵引车与全挂车之间的连接构件之一（见图7-34中2），其大体形状呈三角形，故往往也称其为三角架。

全挂车牵引架向上或向下倾斜时，均产生垂直分力，因此，牵引架必须保证牵引力能以最小角度传到挂车上，从而获得最好的牵引效果。

7.3.5 悬架及挂车车轴

全挂车的悬架及挂车的车轴与半挂车悬架及车轴的设计方法基本相同,只是全挂车增加了前悬架,且安装位置是在牵引拖台或方架上,在此不再叙述。一般来讲,中、小型全挂车的前后悬架都可直接选用汽车制造厂生产的相应载荷的现成悬架。

7.4 汽车列车制动系统

汽车列车的制动系统由牵引车制动系统和挂车制动系统组成,而每一种制动系统又由制动器、制动传动和控制装置组成。挂车制动器通常和牵引车制动器相同,制动传动部分和控制装置则取决于牵引车的制动形式和拖挂的载荷。

良好的制动系统对于保证汽车列车行驶的安全性与方向稳定性具有十分重要的意义。与普通载货汽车相比,由于半挂汽车列车由两个车节组成,一般具有三轴以上结构,制动系统则必须适应这一结构,以保证汽车列车具有良好的制动性能(包括制动效能、制动时的方向稳定性等)。

挂车的制动系统除必须具备对一般汽车制动系统要求的制动力大、制动平稳和散热性好等外,还需满足下列要求。

(1) 挂车与牵引车的制动系统应相互关联,工作可靠。

(2) 牵引车和挂车的制动应协调,即满足一定的制动顺序。例如半挂汽车列车的制动顺序是牵引车前轮、半挂车车轮及牵引车后轮;对于全挂汽车列车,希望挂车制动略早于牵引车,以免因挂迟后制动造成列车折叠或甩尾等现象。

(3) 当挂车意外自行脱挂,制动管路切断时,挂车制动系统应能立即使挂车自行制动。

(4) 汽车列车满载拖挂时能在16%的坡道上停住;此外,挂车应另设驻车制动系统,以保证脱挂停放时可靠制动。

按照汽车与挂车之间连接气压管路的数目,汽车列车气压制动系统可分为单管路和双管路两类。

7.4.1 单管路制动系统

如图7-36所示,汽车与挂车之间只用一条管路(供控共用管路Ⅶ)连接的称为单管路制动系统。正常行驶时,汽车储气罐通过该管路向挂车储气罐Ⅴ充气,以保持挂车储气罐储有足够的动力气源。此时,逆控挂车继动应急阀Ⅳ不起作用,挂车亦不产生制动作用。

当汽车制动时,在间接操纵逆控挂车制动控制阀Ⅰ的作用下将供控共用管路Ⅶ中的压缩空气泄入大气,使该管路中气压下降,挂车继动应急阀Ⅳ即参与工作,使挂车储气罐向制动气室充气而实现制动。显然,不制动时供控共用管路Ⅶ中的充气压力最高,而制动控制压力只能低于充气压力。因此,采用单管路制动系统时,对挂车制动只能采取逆向控制,即使得挂车制动气室的压力随共用管路的压力减小而增大。这种挂车的逆向控制制动也称为降压制动或放气制动。

当挂车脱挂时,供控共用管路Ⅶ通大气,通过逆控挂车继动应急阀Ⅳ,使挂车自行制动。可见,管路Ⅶ既作充气又作放气制动用,这种"一管两用"的单管制,在下长坡等制动频繁的场合,挂车储气罐Ⅴ内的压缩空气得不到及时补充,挂车制动强度降低甚至失效。目前单管路汽车列车制动系统已趋淘汰。

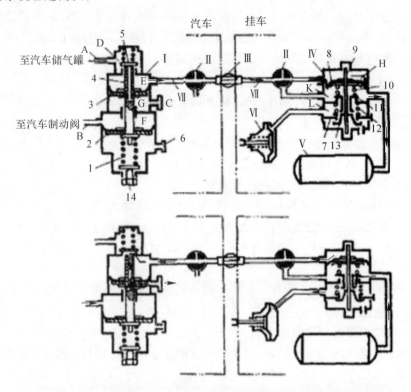

图 7-36 单管路汽平列车制动系统的挂车制动回路示意图
(a)不制动状态; (b)制动状态

Ⅰ—逆控挂车制动控制阀; Ⅱ—分离开关; Ⅲ—连接头; Ⅳ—逆控挂车继动应急阀;
Ⅴ—挂车储气罐; Ⅵ—挂车制动气室; Ⅶ—供控共用管路;
1—平衡弹簧; 2—控制活塞; 3—平衡活塞; 4—芯管; 5—阀门; 6—通气塞;
7—排气阀座; 8—活塞; 9—芯杆; 10—阀门弹簧; 11—进气阀门;
12—排气阀座弹簧; 13—排气阀门; 14—调整螺钉; A,B,C,D,E,F,G,H,K,L—气室

7.4.2 双管路制动系统

在双管路制动系统中,各车节制动系统之间的供给管路和控制管路是分别设置的。因此,在控制管路传输制动控制压力时,挂车储气罐的充气仍能继续进行。与此相应,挂车的行车制动可采取正向控制方式。这种挂车的正向控制制动也称为升压制动或充气制动。

汽车列车双管路制动系统的主要气压元件及其间的连接管路如图 7-37 所示。直接操纵的正控三腔复合制动阀 4 中的正控制动阀腔输出管路即为车节间的控制管路。车节间的充气(供给)管路直接从汽车上的挂车制动储气罐 3 引出。在汽车列车正常行驶过程中,供给管路不断地经正控挂车继动应急阀 5 向挂车储气罐 6 充气,控制管路压力为零。挂车制动气室 7 与挂车储气罐 6 隔绝,而经正控挂车继动应急阀 5 通入气。

汽车制动时,正控三腔复合制动阀 4 的正控挂车制动阀腔输出的控制压力经控制管路输入正控挂车继动应急阀 5,打开挂车制动储气罐 3 与挂车制动气室 7 的通路,并使制动气室与大气隔绝,制动气室仍被充气而实现挂车制动。正控挂车继动应急阀 5 的作用也是渐进的。

当供给管路压力降低到规定最低值以下,甚至挂车在行进中意外地自行脱挂而使供给管路压力骤降到零时,挂车应当立即自动制动。故正控挂车继动应急阀 5 的应急制动控制作用也只能是逆向的。

为了提高汽车列车的制动安全性,应采用双回路制动系统,即用一个双回路保护阀,将空气压缩机产生的压缩空气分别充入两个独立的储气筒(压力源),然后,一个回路到前制动气室,另一个回路到后制动气室,实施制动。若某一个回路发生故障失效时,另一个回路仍能继续工作,使制动系统维持一定的制动能力。

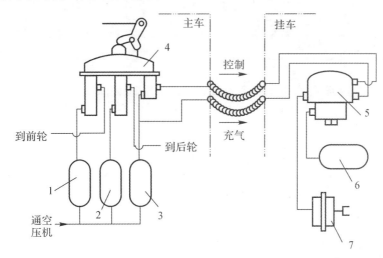

图 7-37 双管路汽车列车的挂车制动回路示意图
1—汽车前制动储气罐; 2—汽车后制动储气罐; 3—挂车制动储气罐;
4—正控三腔复合制动阀; 5—正控挂车继动应急阀; 6—挂车储气罐; 7—挂车制动气室

图 7-38 所示为斯太尔汽车列车双管路挂车制动回路示意图。汽车列车双管路制动系统主要由安装在汽车上的挂车制动控制系统和安装于挂车上的挂车制动系统组成。双管路制动阀输出两根管路:一根是充气管路,它常有气,是红色,其接头 N 标有"2L/V"字样;另一根是控制管路,当汽车正常行驶时没有气压,而汽车制动时它输出一个与汽车制动阀 2 相同气压的制动信号气压,其管路常为黄色,接头 Z 标有"2L/BR"字样以示区别。单管路制动阀仅输出一根管路,当汽车正常行驶时通过该管路向挂车充气,当汽车制动时该管路断气,通过挂车制动阀使挂车制动,其接头常标有"1L"字样。目前单管路挂车制动系统已趋淘汰。

正常行驶时,汽车储气罐 1 中的压缩空气经正控挂车制动控制阀 4、挂车制动释放阀 7 及挂车继动应急阀 10 向挂车储气罐 9 充气,直到挂车储气罐 9 达到额定气压 0.8 MPa 时为止。此时,控制管路经正控挂车制动控制阀 4 通大气。

汽车列车制动时,正控挂车制动控制阀 4 输出一个与汽车制动阀 2 的制动强度相应的制动控制气压信号,经过手拧载荷调节阀 8 使挂车继动应急阀 10 动作,从而打开挂车储气罐 9 与挂车制动气室 11 的通路,使挂车同步产生与汽车等强度的制动。与此同时,汽车通过充气管路仍然可向挂车储气罐 9 充气。

汽车制动解除时,制动控制管路的控制气压经汽车制动阀 2 放空,挂车制动气室 11 的压缩空气经挂车继动应急阀 10 放空,挂车制动解除。

当充气管路断或漏气到一定程度时,挂车继动应急阀 10 会自动转至制动位置。当控制管路断或漏气时,汽车正常行驶没有任何影响,而当汽车制动时汽车上的正拧挂车制动控制阀 4 会自动切断充气管路,从而又通过正拧挂车制动控制阀 4 自动产生与汽车同步的制动。

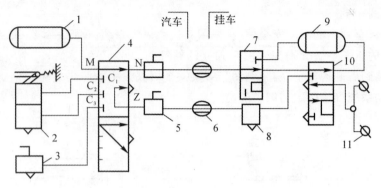

图 7-38 斯太尔汽车列车双管路挂车制动回路示意图
1—汽车储气罐; 2—汽车制动阀; 3—手控驻车应急制动阀; 4—正拧挂车制动控制阀; 5—分离开关;
6—连接头; 7—挂车制动释放阀; 8—手拧载荷调节阀; 9—挂车储气罐; 10—挂车继动应急阀;
11—挂车制动气室; N—充气管路接头; Z—控制管路接头

综上所述,升压控制式挂车制动无论工作与否,汽车储气罐通过挂车充气管路经挂车制动继动应急阀经常对挂车储气罐(补充)充气,使其气压始终与汽车储气罐的气压接近平衡,连续使用制动(如下长坡)时,可一直向挂车储气罐(补充)充气,因而不像降压式制动那样,挂车储气罐可能出现补充充气不足的问题。可见,"一管一用"的双管制,能使挂车储气罐始终保持与汽车储气罐相等的气压,挂车制动反应及时,汽车列车制动协调。

如果挂车制动阀件各总成结构设计合理,布置适当,如使挂车储气罐尽量靠近挂车继动应急阀,采用较粗的供气管,挂车气室比汽车小,等等,就有可能使挂车制动与汽车制动同时或提前。

复习思考题

1. 简述汽车列车的概念以及半挂车与全挂车在结构上的区别。
2. 半挂车支承装置有何作用?
3. 半挂车和全挂车实现转向的装置各是什么?
4. 简述半挂车牵引连接装置的组成、结构及作用。
5. 简述全挂车牵引连接装置的组成、结构及作用。
6. 半挂车牵引连接装置对其结构和性能有何要求?
7. 汽车列车的总质量如何确定?

参 考 文 献

[1] 卞学良.专用汽车结构与设计[M].北京:机械工业出版社,2008.
[2] 司景萍.专用车辆[M].北京:人民交通出版社,2007.
[3] 马文星.特种车辆[M].北京:化学工业出版社,2007.
[4] 吴社强,杜愎刚.通用特种车辆与装卸机械使用维修[M].北京:国防工业出版社,2006.
[5] 鲁植雄.载运工具原理及应用[M].2版.南京:东南大学出版社,2015.
[6] 于战果,李敏堂,邢伟.国外军用厢式车的技术现状与发展趋势研究[J].专用汽车,2003(2):5-8.